ANDERS wie & ANDERS WO

LESEBUCH FÜR DAS 5. SCHULJAHR

LEHRMITTELVERLAG
DES KANTONS AARGAU

Lehrmittel
der interkantonalen Lehrmittelzentrale

INHALTSVERZEICHNIS

6	Erklärung der Piktogramme	
9	Jetzt	*Gerald Jatzek*
10	Zeit läuft	*Brigitte Schär*
14	Mouvements de lignes	*Regula Wenzinger*
16	Tim	*Christian Bieniek*
21	Wie sehr ich dich mag	*Hans und Monique Hagen*
22	Gar nicht einfach	*Franz Sales Sklenitzka*
24	Albrecht K.	*frida bünzli*
26	Über Papageientaucher	*Thomas Winding*
28	Markus im Wunderland	*Walter Loeliger*
32	ordnung – unordnung	*Timm Ulrichs*
33	Alarm auf dem Schweitzerplatz	*Gerald Jatzek*
37	Der Parkplatz	*Erwin Grosche*
41	Manchmal	*Silvia Löffler*
42	Die Zeitmaschine	*Franz Zumstein*
44	Karawane	*Hugo Ball*
45	Im Jemen unterwegs	*Carmen Rohrbach*
51	Hausaufgaben	*Wolfgang Mennel*
52	Jemen	*aus dem Lexikon*
54	Erinnerungen	*Mohieddin Ellabbad*
56	«Am liebsten bin ich auf dem Fussballplatz.»	*W. Loeliger*
59	hier bei uns	*Übersicht*
60	«Mein Ziel ist der schwarze Gürtel.»	*Walter Loeliger*

INHALTSVERZEICHNIS

64	Eine Wette und vierundzwanzig Beine	*Bettina Obrecht*
72	Weil ich bin	*Helmut Glatz*
74	Die andern!	*Markus Ramseier*
75	Disput	*Paul Klee*
76	Ich weiss nicht, was soll es bedeuten	*Brigitte Schär*
77	Das oberste Blatt	*Hans Manz*
80	«Ich will Tierarzt werden.»	*Karl Schermann*
84	Hartes Los – hartes Brot	*Ursula Huber/Heidi Stutz*
86	Ferienbücher	*Kinder aus Baden*
88	Ferienzeit – Reisezeit	*Tabellen*
90	Der Abschied	*Franz Hohler*
91	Grüsse aus aller Welt	*Corinne Bromundt*
92	Urlaubsfahrt	*Hans Adolf Halbey*
93	Cool am Pool	*Doris Meissner-Johannknecht*
97	Liebe	*Bettina Weiher*
98	Ein E-Mail für Claudio	*Anita Siegfried*
100	Streng geheim	*Regula Wenzinger*

INHALTSVERZEICHNIS

102	Die Wanze	*Paul Shipton*
106	Auf dem Dach der Welt	*Zeitungsartikel*
107	Hoch hinaus	*Interview*
110	Erstbesteigungen (Auswahl)	*Tabelle*
112	Eine Expedition	*John Saxby*
116	lichtung	*Ernst Jandl*
117	Gebirge und Täler	*aus dem Lexikon*
120	Die Sage von der Teufelsbrücke	*Volksgut*
122	Astrid Lindgren	*Regula Wenzinger*
125	Die Brüder Löwenherz	*Astrid Lindgren*
138	Ein Gnu macht seinen Weg	*Reinhard Künkel*
146	Die Stechpuppe	*Franz Zumstein*
148	Auf dem Falkenschloss	*Tilde Michels*
150	In der Burgküche	*Corinne Bromundt*
160	Was man mit einem Wort alles tun kann …	*C. Bromundt*
162	Der kleine grosse Unterschied	*Hans Manz*
163	Die Erde hat eine Anziehungskraft	*Herbert Günther*
169	Morgens und abends zu lesen	*Bertolt Brecht*
170	Mit der Schere zeichnen	*Henri Matisse*
171	Es knospt	*Hilde Domin*
172	Der Engel der Langsamkeit	*Jutta Richter*
174	Auf der Schulreise	*Roger Lille*
178	Pausenbrote	*ZEP*
179	Aufpassen	*Hans Manz*

180	Das Mädchen und die Langeweile	*Jürg Schubiger*
182	Septembermorgen	*Eduard Mörike*
183	Vor Sonnenaufgang	*Ferdinand Hodler*
184	Bär und Biene	*Stijn Moekaars*
188	Nicht müde werden	*Hilde Domin*

190	*Quellenverzeichnis*	
192	*Impressum*	

6
ERKLÄRUNG DER PIKTOGRAMME

 GESCHICHTEN WACHSEN IM KOPF

 FANTASIE KENNT KEINE GRENZEN

 ZWISCHEN DEN ZEILEN

 VERSCHLÜSSELT UND VERSTECKT

 DER NATUR AUF DER SPUR

 ANDERSWIE UND ANDERSWO

 WO SPRICHT MAN WIE?

 HIER BEI UNS

 BURGEN, RITTER, HIRSEBREI

 GIPFELSTÜRMER

 MUTIG, TAPFER, KÜHN

 LANGEWEILE? – TU WAS!

 ICH UND DIE ANDERN

 WIE SEHR ICH DICH MAG

LICHT UND SCHATTEN   UNTERWEGS

 WÖRTER IM RHYTHMUS   VITAMIN L

 FORTSETZUNG AUF
DER BEILIEGENDEN CD-ROM

Alle Texte mit dem gleichen Piktogramm bilden gemeinsam ein thematisches Feld. Ein Text kann zu mehreren Feldern gehören.

JETZT

Gerald Jatzek

Wann ist eigentlich jetzt?
Na ganz einfach. Jetzt!
Und jetzt?
Jetzt ist auch jetzt!
Aber es war doch gerade jetzt.
Da kann doch nicht schon wieder jetzt sein.
Oder doch?
Klar. Auf jetzt folgt jetzt.
Ununterbrochen.
Jetzt.
Jetzt.
Jetzt.
Wie lange dauert jetzt?
Wenn man es langsam spricht: J e t z t.
Wenn man es schnell spricht: Jetzt.
Man muss es denken.
Das geht am schnellsten.
Jetzt!
Man denkt es, und schon ist es vorbei.
Wenn man sein ganzes Leben daran denkt,
weiss man immer, wann gerade jetzt ist.
Jetzt. Jetzt. Jetzt. Jetzt. Jetzt.
Aber man kann dann gar nichts anderes mehr tun.
Jetzt nicht.
Und jetzt nicht.
Und überhaupt nie.
Darum hör ich auf damit.
Jetzt.

ZEIT LÄUFT

Brigitte Schär

Es ist Dienstag. Zeit zum Geschichtenschreiben.

‹Geschichten erfinden aus dem Moment› heisst die Schulstunde, immer am Dienstagmorgen von 9.00 Uhr bis zur grossen Pause.

«Marco, du bist dran. Hast du die sechs Wörter?», fragt die Lehrerin Frau Anderhuber.

Marco nickt. Dann, als alle bereit sind, diktiert er: «Zahn, Stuhl, Bild, Bett, Handstand, Verliebtsein.»

«Schön», sagt Frau Anderhuber. «Das also sind für dieses Mal die Wörter, die alle in den Geschichten, die ihr schreibt, vorkommen müssen.»

Zuerst entsteht Unruhe, dann verlassen ein paar Kinder, mit Heft, Schreibzeug und was sie für die Arbeit sonst noch benötigen, das Schulzimmer. Sobald sie draussen sind, wird es still.

Die Kinder brauchen nicht alle im Schulzimmer zu schreiben. Sie können auch hinausgehen, wenn sie wollen, und sich sonstwo ein ruhiges Plätzchen suchen.

Paula zum Beispiel kann besonders gut im Materialraum hinten in der Turnhalle schreiben. Dann liegt sie auf den weichen Matten und denkt sich eine Geschichte aus. Es geht sogar am besten, wenn andere Kinder gerade Turnen haben. Severin wiederum arbei-

tet am liebsten draussen im Gang an einem der Tische, die für stilles Arbeiten gedacht sind.

Und schon ist auch diese Schreibstunde vorüber.

Das Bild, auf dem eigentlich nichts ist
Francas Geschichte

Ich liege im Bett und plötzlich fällt mir das Bild wieder ein, das ich mal in einem Museum gesehen hatte.

Auf dem Bild war eigentlich nichts zu sehen, bloss eine weisse Fläche. Ich sah ihn aber trotzdem, den kleinen Mann, der da auf einem Zahn, der aus dem Boden wuchs, einen Handstand machte.

Ich hatte mich sofort in das Bild verliebt. Nur durfte ich es nicht mit nachhause nehmen, weil das nun einmal in einem Museum nicht geht. Wenn das alle machen würden. Der Name des Malers ist mir entfallen. Das Bild nahm ich trotzdem mit nachhause. In mir drin.

Das ist alles für heute.

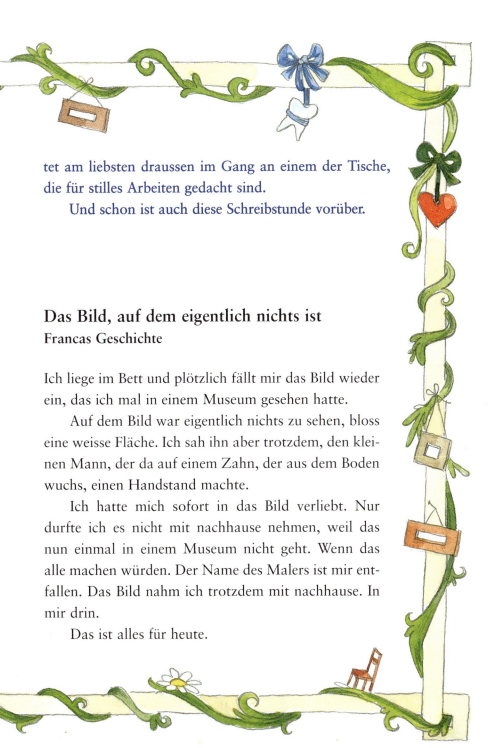

Eine Cola bitte!
Paolos Geschichte

Gerade als Frau Müller im Handstand an der Wand ihres Schlafzimmers steht – das tut sie jeden Abend, weil sie danach besonders gut einschlafen kann –, hört sie etwas unten im Haus. Sie beendet vorsichtig den Handstand, zieht sich den Morgenmantel über das Nachthemd und schleicht die Treppe hinunter.

Und sie überrascht einen Einbrecher auf frischer Tat. Der Räuber ist gerade dabei, ihr Lieblingsbild mit dem Titel «Der Zahn der Zeit» in einen grossen Sack zu stopfen.

«So geht das Bild doch kaputt», jammert Frau Müller. «Wenn Sie es schon unbedingt stehlen wollen, dann beschädigen Sie es wenigstens nicht. Das hat das Bild nicht verdient.»

Frau Müller ist sogar so nett, dem Räuber zu helfen, das Bild gut zu verpacken.

Der Räuber ist überrumpelt von so viel Nettigkeit. Darum schaut er, nachdem das Bild sorgfältig verpackt ist, Frau Müller so richtig an. Sie gefällt ihm. Und, es ist kaum zu glauben, er gefällt auch ihr.

Frau Müller zündet eine Kerze an.

«Wollen Sie etwas trinken? Kaffee? Oder Tee? Wein, Bier oder Wasser? Most, Orangensaft oder sonst etwas?», fragt sie.

«Eine Cola bitte», sagt der Räuber. «Das hält wach, macht mich aber nicht ganz so nervös wie Kaffee mitten in der Nacht.»

Frau Müller geht in den Keller und findet tatsächlich eine Flasche Cola. Sie schenkt zwei Gläser ein.

«Auf gute Geschäfte», sagt Frau Müller. Beide trinken.

Irgendwas ist seltsam an dieser Nacht. Frau Müller hätte nie für möglich gehalten, dass sie jemals mit einem Einbrecher, der soeben in ihrem Haus eines ihrer Lieblingsbilder von der Wand gestohlen hat, eine Cola trinken würde. Und das mitten in der Nacht.

Als dann der Einbrecher aufbricht, weil er noch andere Einbrüche begehen will, ist Frau Müller richtig traurig. Sie hat sich nämlich in den Einbrecher, der nicht mal ein besonders schöner Mann ist, verliebt. Darum freut es sie umso mehr, als der Einbrecher sagt: «Ich komme wieder, Baby. Halt 'ne kühle Cola bereit!»

Kommen die sechs Wörter in beiden Geschichten vor? Und wie ist es mit den Geschichten von Jan, Nadja und Amadi (CD-ROM T135)?

Alle Texte zu «Zeit läuft» kannst du dir auch anhören. Brigitte Schär und Kinder aus einer 5. Schulklasse in Dornach lesen sie dir vor. Du findest sie auf der CD-ROM (Audio8).

MOUVEMENTS DE LIGNES

Regula Wenzinger

Hast du dir schon einmal eine 50er-Note genauer angesehen? Dann kennst du Sophie Taeuber-Arp bereits, die das Bild «Mouvements de lignes» gezeichnet hat.

Sophie Taeuber wurde am 19. Januar 1889 als fünftes Kind der Familie in Davos geboren. Ihre Kindheit verbrachte sie in Trogen im Kanton Appenzell. Nach der obligatorischen Schulzeit besuchte Sophie in St. Gallen verschiedene Zeichnungsschulen. In München und Hamburg absolvierte sie an der Kunstgewerbeschule ein Studium, das sie im Alter von 25 Jahren abschloss.

1914 zog die Künstlerin nach Zürich. Dort unterrichtete sie von 1916 bis 1929 als Lehrerin die Textilklasse der Kunstgewerbeschule.

An einer Ausstellung lernte sie 1915 ihren späteren Ehemann Hans Arp kennen. Sophie Taeuber arbeitete oft mit ihrem Mann zusammen, der ebenfalls Künstler war.

Sophie Taeuber-Arp gehört zu den ersten Künstlerinnen der konkreten Kunst. Linien, Flächen, Formen und Farben prägen ihre Arbeiten, die oft wie Muster wirken. Ihr Werk ist sehr vielfältig. Sie hat Stoffe gewoben, Collagen geklebt, Bilder mit Gouache gemalt und mit Farbstiften und Bleistift gezeichnet. Aber auch Möbel und Inneneinrichtungen hat sie entworfen.

Am 13. Januar 1943 starb Sophie Taeuber-Arp im Alter von 54 Jahren in Zürich.

Sophie Taeuber-Arp (1889–1943), «Mouvements de lignes, trait large», 1939, Pastellkreide auf Papier, 34,5 x 26,3 cm, Aargauer Kunsthaus / Depositum aus Privatbesitz

TIM

Christian Bieniek — aus: «Svenja hats erwischt», Arena Verlag

Ich muss mich zweimal nach dem Weg zu Tims Strasse erkundigen. Seine Adresse habe ich aus dem Telefonbuch, weil ich noch nie bei ihm war. Was Lilli wohl sagen würde, wenn sie wüsste, dass ich Tim besuche? Lilli – o Gott! Ich hab ihr ja immer noch nicht geschrieben. Wenn ich wieder zuhause bin, werde ich mich sofort hinsetzen und ihr einen langen Brief schreiben.

Tims Haus liegt direkt am Grafenberger Wald. Ich bin ganz schön überrascht, als ich davorstehe. Seit zwei Jahren gehen wir zusammen in eine Klasse, und ich habe die ganze Zeit über geglaubt, er würde in einer Hochhaussiedlung wohnen. Seine dreckigen T-Shirts, seine ewigen Kaugummis und seine schlechten Noten passen gar nicht zu diesem vornehmen Haus.

Der Rasen im Vorgarten sieht so ordentlich aus, als hätte ihn ein Friseur geschnitten. Wahrscheinlich bin ich völlig falsch hier.

Es gibt kein Namensschild am Gartentor. Da es offen steht, gehe ich einfach bis zur Haustür durch, wo ich ebenfalls kein Namensschild entdecken kann. Ich drücke auf einen goldenen Klingelknopf. Kurz darauf öffnet eine rothaarige Frau in Shorts und T-Shirt die Tür.

«Guten Tag. Wohnt hier Tim Kämpgen?»

«Selten», sagt die Frau lachend und erklärt: «Er hat zwar ein Zimmer hier, ist aber fast nie zuhause.»

«Jetzt auch nicht?»

«Komm rein», fordert sie mich auf. Und nachdem sie die Tür hinter mir geschlossen hat, gibt sie mir die Hand und sagt: «Ich bin Tims Mutter. Und wer bist du?»

«Svenja. Tim und ich sind zusammen in einer Klasse. Ist er da?»

Sie nickt. «Er malt gerade.»

«Er malt?», wiederhole ich mit ungläubiger Miene.

Seine Mutter lacht wieder, zeigt dann auf die Treppe und erklärt mir, wo Tims Zimmer ist. Ich gehe die Stufen hoch, den Flur entlang und öffne schwungvoll die dritte Tür von links.

«Hallo, Tim!»

Er sitzt tatsächlich mit einem Pinsel in der Hand an einem riesigen Schreibtisch, auf dem zwei Farbkästen stehen, und malt an einem Bild. Als ich reinkomme, sieht er mich erschrocken an und reisst dabei den Mund so weit auf, dass glatt mein Fahrradlenker zwischen seine Zähne passen würde.

«Was willst du denn hier?», fragt er völlig baff.

Ich beuge mich über seine Schulter und will mir das Bild ansehen. Doch Tim verdeckt es mit seinen Armen.

«Zeigs mir doch», bitte ich ihn.

«Ist noch nicht fertig», knurrt er und verbirgt es weiter vor meinen Blicken.

Ich entdecke neben den Farbkästen eine dicke Bildermappe. Blitzschnell strecke ich einen Arm aus und greife nach ihr. Tim will mir die Mappe aus der Hand reissen, aber ich halte sie fest.

Er winkt ab und meint: «Da ist nur blödes Gekritzel drin.»

«Mal sehen», entgegne ich, setze mich auf sein Bett und öffne die Mappe, die einige Dutzend Bilder und Zeichnungen enthält. Blumen, Landschaften, Häuser, Gesichter, Autos – Tim malt alles Mögliche, und zwar meistens ziemlich bunt. Es gibt allerdings auch ein paar düstere Bilder von Monstern und Totenköpfen.

Ich sehe ihn erstaunt an. «Du kannst ja ganz toll malen!»

«Quatsch!», meint er verächtlich und steht auf, um die Farbkästen und das halbfertige Bild wegzuräumen. Zwischendurch zeigt er auf die Mappe und droht: «Verrate bloss keinem aus unserer Klasse was davon.«

«Warum machst du denn so ein grosses Geheimnis daraus?»

Er nimmt mir die Mappe weg und lässt sie in einer Schreibtischschublade verschwinden. «Für Philipp und die anderen ist so was nur idiotischer Kinderkram.»

Ich frage ihn, warum es ihm nicht völlig egal ist, was Philipp vom Malen hält. Er antwortet nicht.

Ich erzähle ihm, dass ich Philipp letztens im Schwimmbad getroffen habe und von ihm mit einer Wasserpistole nass gespritzt worden bin. «Das ist Kinderkram, oder nicht? Ich wäre echt froh, wenn ich nur halb so gut malen könnte wie du.»

Darauf geht er auch nicht ein, sondern fragt stattdessen: «Wieso bist du eigentlich gekommen?»

«Wenn ich dich störe, kann ich ja wieder abhauen», erwidere ich, drehe mich um und gehe zur Tür. Als ich die Hand nach der Klinke ausstrecke, will Tim wissen, ob ich Durst habe.

«Klar, hab ich immer.»

«Bin gleich wieder da», sagt er und verlässt das Zimmer.

Ich gehe schnell zum Schreibtisch und ziehe die Schublade auf, in die er das Bild gelegt hat, das ich eben nicht sehen durfte. Es ist ein Gesicht, bei dem noch Mund, Nase und Augen fehlen. Die kleinen Ohren und die kurzen braunen Haare hätte ich niemals so hingekriegt. Warum will Tim unbedingt geheim halten, dass er so gut malen kann? Wahrscheinlich weiss nicht mal unser Kunstlehrer was davon.

«Suchst du was Bestimmtes in meinem Schreibtisch?», höre ich ihn plötzlich fragen.

«Tut mir Leid, ich bin nun mal furchtbar neugierig. Wer soll das denn werden auf dem Bild?»

«Meine Mutter», antwortet er knapp, gibt der Schublade mit dem rechten Knie einen kräftigen Stoss und stellt dann eine Limoflasche und zwei Gläser auf den Schreibtisch.

«Deine Mutter? Dann bin ich ja wohl farbenblind!» Ich erinnere Tim daran, dass die Haare seiner Mutter genauso rot sind wie seine eigenen.

«Ihre sind gefärbt», behauptet er und giesst die Limo ein. «Und jetzt sag mir endlich, wieso du hier bist.»

«Ich habe mir das noch mal überlegt mit dem Skateboardfahren. Wär wirklich super, wenn du mir doch noch ein bisschen Unterricht geben könntest.»

Er verzieht den Mund. «Wenns unbedingt sein muss», brummt er, doch plötzlich erscheint zum ersten Mal ein Lächeln auf seinem Gesicht.

Wir greifen fast gleichzeitig zu den Gläsern. Beim Trinken lasse ich meinen Blick im Zimmer umherschweifen. Warum hat sich Tim kein einziges seiner Bilder an die Wand gehängt? Da kleben nur Poster von Basketball- und Eishockeyspielern. Neben seinem Schrank entdecke ich ein paar Sportschuhe. Ich stelle das Glas hin, hebe einen von den Schuhen auf und erzähle Tim, dass ich mir bald so ein Paar Basketballstiefel mit noch dickeren Sohlen kaufen werde. Er wird mich ja sowieso damit sehen. Also kann ich es ihm ruhig erzählen.

«Spielst du denn so gerne Basketball?», fragt mich Tim erstaunt.

«Das nicht. Aber diese Schuhe werden mich mindestens einen halben Meter grösser machen.»

«Na und?«

Ich sehe ihn verblüfft an. «Wieso na und? Wenn du vergessen hast, wie gross ich bin, dann solltest du mich noch mal ganz genau angucken. Du selbst hast mich doch auch immer Zwerg oder Ameise genannt. Hab ich übrigens schon lange nicht mehr von dir gehört. Komm, sags noch mal.»

«Wenn du unbedingt willst», meint er und knurrt nach kurzem Zögern: «Du Gartenzwerg!»

Und dann geschieht etwas Seltsames: Nicht ich werde rot, sondern Tim. Was ist denn los mit ihm? Er dreht mir den Rücken zu, setzt sein Glas an den Mund und trinkt es aus. Für die paar Schlucke braucht er so lange, als würde er einen ganzen Swimmingpool leer trinken. Dann knallt er das leere Glas auf den Schreibtisch und fragt: «Sollen wir jetzt endlich Skateboard fahren oder willst du noch stundenlang rumquatschen?»

«Ich will stundenlang rumquatschen und dabei Skateboard fahren. Los, hauen wir ab!»

Wie sehr ich dich mag
Ich will mir ein Wort ausdenken,
ein nigel-nagel-neues Wort.
Und es dir schenken.
Ein Wort,
mit dem ich dir sag,
wie sehr ich dich mag.
Hans und Monique Hagen

GAR NICHT EINFACH

Franz Sales
Sklenitzka

Anita will den Charlie,
Bettina will den Ben,
doch Benjamin will Astrid,
und Astrid will den Sven.

Tom sagt, er will Susanne,
Susanne will nur Joe,
doch der wird ohne Ilse
des Lebens nicht mehr froh.

Der Wolfgang will Sabine,
Sabine will den Till,
dem Till wär Anna lieber
(wenn Birgit ihn nicht will).

Birgit will nämlich Markus,
der aber mag sie nicht
und sagt ihr das ganz offen
und direkt ins Gesicht.

Und Harald will die Uschi,
und Uschi will den Björn,
und Mario hats einfach –
den mögen alle gern.

Markus, der will Verena,
Verena will den Pit,
doch Pit und Heinz und Jenny,
die spielen nur zu dritt.

Stefan mag Geraldine,
und Alois mag Kathrin,
doch Jens, der liebt nur eine –
das ist die Lehrerin.

Das Leben ist nicht einfach,
wenn man sein Herz verliert –
im Gegenteil: dann wird es
erst richtig kompliziert.

Zum Glück will Klaus die Sonja.
Zum Glück will Sonja Klaus.
Sonst wäre das Gedicht hier
natürlich noch nicht aus.

24

ALBRECHT K.

Aus der Werkstatt der Comiczeichnerin

frida bünzli zeichnet Comics. Eine ihrer Figuren heisst Albrecht K. Er ist ein eigenartiger Kauz, dieser Albrecht K. Manchmal macht er nicht das, was die Zeichnerin wirklich will. Zum Beispiel wenn es regnet … Und es kann vorkommen, dass er sich selbstständig macht und die Zeichnerin erschreckt.

Comics können ganz verschieden aussehen.
Im Lesebuch findest du
- Die Himmelsstürmer: **Die Zeitmaschine** (Seite 42)
- Die Himmelsstürmer: **Die Stechpuppe** (Seite 146)
- Titeuf: **Pausenbrote** (Seite 178)

Und auf der CD-ROM findest du
- Titeuf: **Operation Meister Proper** (CD-ROM T129)

ÜBER PAPAGEIENTAUCHER

Thomas Winding

«Man muss immer versuchen, eine Erklärung zu finden», sagte mein Grossvater.

«Warum denn das?»

«Weil alles viel zu geheimnisvoll wird, wenn wir nicht begreifen, wie es passiert. Ist dir noch nicht aufgefallen, dass ich alles immer ganz genau untersuche?»

«Nein. Tust du das?»

«Ich kann nicht in die Küche gehen, ohne nachzusehen, ob in der Kuchendose noch Plätzchen liegen. Und wenn mir beim Spazierengehen jemand begegnet, dann frage ich immer, wie spät es ist.»

«Weisst du das nicht?»

«Doch, aber das ändert sich ja die ganze Zeit. – Und jetzt musst du mir eine Frage ganz ehrlich beantworten: Kennst du Papageientaucher?»

«Nein, was ist das denn?»

«Na gut. Das sind kleine schwarze Vögel, die aussehen wie eine Mischung aus Pinguinen und Papageien. Sie leben auf den Färöern und hausen an steilen Felshängen am Meer.»

«Sind die nett?»

«Das weiss ich wirklich nicht ... aber sie haben einen ganz besonderen Schnabel, der in mehreren Farben gestreift ist. Und der Schnabel sieht aus wie zusammengeknüllt und wieder auseinander gefaltet.»

«Echt?»

«Ja ... und dann hab ich von einem Mann gehört, der wissen wollte, wie Papageientaucher eigentlich leben. Er sah, wie sie sich von den Felsen stürzten und dann im Affenzahn Richtung Wasser sausten, wenn sie einen Fisch entdeckt hatten. Peng! Und dann trafen sie auf den Wasserspiegel auf und verschwanden tief unten im Meer ... und bald danach kamen sie wieder hoch und sahen aus, als hätten sie sich köstlich amüsiert ... und das fand er seltsam, denn wenn wir anderen kopfüber aus solcher Höhe zu springen versuchten, dann würden wir uns bestimmt den Hals brechen, wenn wir aufs Wasser aufschlagen. Wenn man in hohem Tempo angesaust kommt, ist das Meer so hart wie eine asphaltierte Strasse. Und was ist also die Erklärung?»

«Das weiss ich nicht.»

«Natürlich nicht. Aber der Mann zerbrach sich ganz schrecklich den Kopf und eines Tages sagte er: Jetzt weiss ichs. Die Papageientaucher holen sich vom Meeresgrund einen neuen Schnabel!»

«Stimmt das denn?»

«Nein, aber es ist eine gute Erklärung.»

Den Papageitaucher gibt es wirklich. Was es mit seinem Schnabel auf sich hat, kannst du im Lexikontext «Papageitaucher und andere Alken» auf der CD-ROM (T102) nachlesen.

MARKUS IM WUNDERLAND

Walter Loeliger

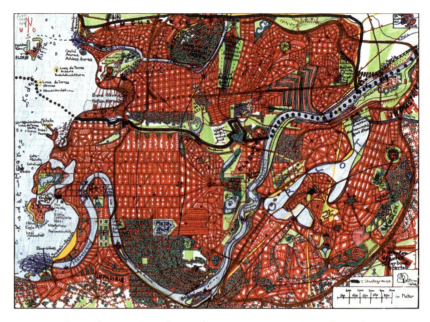

Neun Jahre alt war Markus, als er sein erstes Land zeichnete. Es heisst *Beirgeit* und liegt am *Renisch-Beirgeitschen Ozean,* umgeben von den Inseln *Langland, Dünnland, Inselland Refos* und *Reensochs*. Mit Bleistift, Farbstiften und Ölkreiden schuf Markus seine erste Karte – ein Land, das es nicht gibt, oder besser: eine Welt, die es nur für ihn gab. Ein Ort zwischen Fantasie und Wirklichkeit, erfunden und doch nahe an unserer tatsächlichen Welt.

Sechs Jahre lang zeichnete Markus Karten und Pläne. Die meisten davon besitzt er heute noch. Markus erfand damals seine Länder und Städte, ohne kaum je im Ausland gewesen zu sein. Manchmal stöberte er im Atlas, aber bald schon malte er aus dem Kopf, frisch drauflos, aber dennoch mit grosser Sorgfalt. Er erfand Namen von Städten und Ländern, zeichnete Landschaften mit Seen und Bergen, mit Strassen und Siedlungen. Je länger man seine Karten betrachtet, desto mehr Details entdeckt man. Markus dachte sich in die selbst gebauten Orte hinein, spazierte in Gedanken durch fremde Gassen und erfand neue Quartiere. Einziger Begleiter auf seinen Reisen war die Fantasie.

Als Markus fünfzehn Jahre alt war, hatte er plötzlich genug vom Zeichnen. Ihn packte die Sehnsucht nach dem wirklichen Reisen. Er fand Arbeit in einem Reisebüro und begann, rund um die Welt zu reisen. Später wurde er Schauspieler. Heute reist Markus nicht mehr viel; er wohnt in Zürich und ist eher «sesshaft» geworden. Freude an Plänen und Karten hat er immer noch, und seine Fantasiekarten bewahrt er sehr sorgfältig auf.

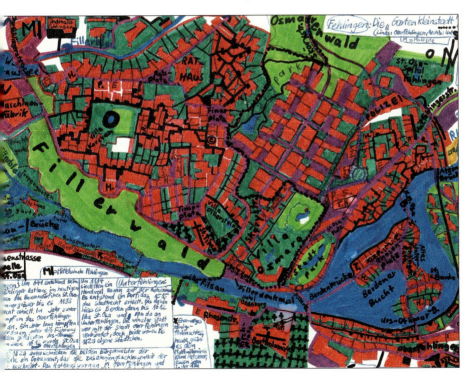

ORDNUNG – UNORDNUNG

Timm Ulrichs

ordnung   ordnung
ordnung   ordnung
ordnung   ordnung
ordnung   ordnung
ordnung   ordnung
ordnung   unordn   g
ordnung   ordnung
ordnung   ordnung
ordnung   ordnung
ordnung   ordnung
ordnung   ordnung

ALARM AUF DEM SCHWEITZERPLATZ

Gerald Jatzek

1. Der rote Ford bremste so heftig, dass die Reifen eine dunkle Spur auf den Asphalt zeichneten. Der Wagen brach nach links aus, schlingerte und blieb schliesslich schräg in der ersten Spur stehen.

Ein schriller Pfiff ertönte. Mit langen Schritten sprintete ein Verkehrspolizist heran, während der Lenker unbeholfen aus dem Wagen kletterte.

«Weil ... da drüben», stammelte er.

Inspektor Bärntaler zog die Augenbrauen zusammen. Er mochte es gar nicht, wenn ihn ein Verkehrssünder nicht vorschriftsmässig zerknirscht empfing.

«Da drüben», wiederholte der Lenker. Seine zitternde Rechte wies zur Mitte des grossen Platzes, in den die Strasse mündete.

Inspektor Bärntaler musterte den Mann von oben bis unten, schliesslich folgte sein Blick dem ausgestreckten Zeigefinger. Was er erblickte, liess ihn erst einmal seine Pfeife verschlucken. Geistesgegenwärtig riss er sie an der Nylonschnur wieder aus der Kehle. Das rettete ihm vermutlich das Leben.

2. «Berta eins, Berta eins, bitte kommen», krächzte die Stimme aus dem Funkgerät. «Hier Zentrale. Bitte um Lagebericht.»

«Ich habe hier eine Verkehrsinsel», seufzte der Inspektor in den Apparat. «Aber eine komische.»

«Wie komisch?», kam es zurück.

«Na ja. Ungewöhnlich halt», antwortete der Polizist.

«Drücken Sie sich gefälligst deutlicher aus», krächzte die Stimme.

«Zu Befehl.» Inspektor Bärntaler nahm Haltung an. «Es handelt sich um eine kreisförmige Verkehrsinsel in der Grössenordnung von fünf Metern Durchmesser. Sie befindet sich in der Mitte des Schweitzerplatzes. Auf der Insel selbst steht ein Blockhaus. Rundherum wachsen Dattelpalmen, eine davon mit einem Ausguck.»

«Sagten Sie Dattelpalmen?», fragte die Zentrale.

«Melde gehorsamst: Jawohl. Dazu kommen weitere Bäume, ebenfalls exotischen Ursprungs. Ihre Identität kann jedoch nicht festgestellt werden. An Bewohnern gibt es zahlreiche Affen und Papageien sowie mehrere zweifelhafte Personen verschiedenen Geschlechts.»

Das Funkgerät blieb stumm.

«Sind Sie noch dran?», erkundigte sich Inspektor Bärntaler schüchtern.

«Inwiefern zweifelhaft?», fragte die Stimme merklich leiser als zuvor.

«Wegen der Bekleidung! Sie ist nicht vorhanden. Also, bis auf so bunte Geschirrtücher vorne.»

«Lendenschurze meinen Sie», wurde Inspektor Bärntaler via Funk belehrt.

«Wenn Sie es sagen», stimmte der Polizist zu. «Ich bitte noch vermelden zu dürfen: Der Schweitzerplatz selbst ist verschwunden.»

«Inspektor Bärntaler!»

«Und zwar ist anstelle der fünf Fahrspuren ein See entstanden, der die Insel umschliesst. 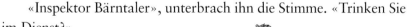Er wird von Wasservögeln bevölkert und ...»

«Inspektor Bärntaler», unterbrach ihn die Stimme. «Trinken Sie im Dienst?»

«Melde gehorsamst: Nein!», antwortete der Polizist. «Ausser es ist ein Befehl.»

3. «Sorgen Sie für Ruhe und Ordnung», war die letzte Anweisung, die Inspektor Bärntaler von der Zentrale erhielt.

Als er das Funkgerät senkte, musste er jedoch feststellen, dass der Auftrag eine glatte Überforderung war. An den Rändern des Platzes hatten sich bereits hunderte Schaulustige versammelt, und aus den Zufahrtsstrassen drängten ständig Leute nach. Wenn einer der Inselbewohner auftauchte, winkten und johlten sie, bis die Gestalt kopfschüttelnd wieder im Dickicht verschwand.

In lautstarken Diskussionen wurde die Frage erörtert, mit wie vielen Insulanern man es überhaupt zu tun habe. Die meisten Schätzungen schwankten zwischen drei und sieben. Einigkeit herrschte darin, dass darunter zumindest ein Kind war.

Die meisten Gerüchte waren natürlich über die Herkunft des seltsamen Gebildes in Umlauf. «Ein getarntes russisches Kriegsschiff», behaupteten die einen. «Ein amerikanisches», die anderen. «Die Insel ist ein Kunstwerk», hiess es. «Blödsinn. Eine Werbeaktion der Reisebüros», lautete eine andere Erklärung.

Die ersten Reporter trafen ein und suchten sich aus den Vermutungen diejenigen aus, die den politischen Vorlieben ihrer Zeitungen entsprachen.

Inspektor Bärntaler atmete auf, als er endlich den Klang des Martinshorns vernahm und die Blaulichter über den Köpfen blinkten.

«Räumen Sie bitte das Gelände!», tönte es aus fonstarken Lautsprechern. «Machen Sie die Strassen frei! Jeder weitere Aufenthalt ist gefährlich. Räumen Sie bitte das Gelände!»

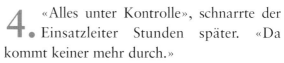

4. «Alles unter Kontrolle», schnarrte der Einsatzleiter Stunden später. «Da kommt keiner mehr durch.»

Tatsächlich hatten seine Leute das Gebiet um die Insel vollkommen abgeriegelt. Sämtliche Zufahrten waren durch Strassensperren blockiert. Auf den Dächern lagen die Männer der Antiterror-Einheit, und über allem kreisten zwei Hubschrauber der Verkehrsüberwachung.

«Die entkommen uns nicht», wiederholte der Einsatzleiter seinen Gedanken.

«Warum sollten sie?», erkundigte sich eine Journalistin des Lokalfernsehens. «Was zum Teufel haben sie angestellt?»

«Das sehen Sie doch selbst», schnarrte der Einsatzleiter. «Da bitte.»

Am gegenüberliegenden Ufer hockten ein paar Gestalten vor der Holzhütte und brieten offensichtlich Fische. Ein Kind jagte unermüdlich bunten Papageien nach, die kreischend davonflatterten.

«Das ist doch nicht verboten», wandte die Journalistin ein. «Oder?»

Der Einsatzleiter kratzte sich am Kinn. «Zumindest ist es nicht ausdrücklich erlaubt.»

Er griff nach dem Feldstecher und beobachtete die Fischesser voll Misstrauen. Hinter den Hochhäusern ging langsam die Sonne unter, und der Wind trug die Schreie fremdartiger Tiere von der Insel herüber.

```
DER PARKPLATZ
AUTOANAUTOANAUTOANAUTO
AUTOANAUTOANAUTOANAUTO
AUTOANAUTOANAUTOANAUTO
AUTOANAUTOANAUTOANAUTO
AUTOANAUTOANAUTOANAUTO
AUTOANAUTOANAUTOANAUTO
AUTOANAUTOANAUTOANAUTO
AUTOANAUTOANAUTOANAUTO
```
Erwin Grosche

**IST HALT EIN PARKPLATZ –
KANN MAN KEINE WUNDER ERWARTEN!**

5. Eine seltsame Stimmung breitete sich aus. Selbst der Einsatzleiter flüsterte nur mehr mit seinen Untergebenen.

Natürlich war die Insel ungewöhnlich genug. Und die Scheinwerfer, die sie wie eine Theaterkulisse ausleuchteten, liessen das Ganze noch unwirklicher erscheinen. Aber da war noch etwas. Die Journalistin kam als Erste dahinter. «Kamera», sagte sie. «Und Richtmikro.»

Die Motorengeräusche waren verschwunden. Anstelle des unaufhörlichen Rauschens, das dem Stadtmenschen die Ohren verstopft, war Stille entstanden. Nur ab und zu unterbrochen von einem Vogelschrei.

Und dann begann der Gesang. Erst war es nur eine raue Männerstimme, die dunkle, lang gezogene Basstöne übers Wasser schickte. Höhere Stimmen schlossen sich an, bildeten einen Chor, lösten sich und formten fremdartige, kristallene Akkorde.

Das Fernsehteam arbeitete wie in Trance und schickte den Gesang in alle Wohnungen der Stadt. Und selbst vorm Bildschirm, von billigen TV-Verstärkern wiedergegeben, verlor das Lied nichts von seiner Kraft.

Zahlreiche Bierflaschen wurden an diesem Abend ungetrunken weggestellt, und tausende machten sich auf den Weg zum Schweitzerplatz. Dort standen sie ruhig hinter den Strassensperren und lauschten. Lange nachdem das Lied verstummt war, standen sie noch immer dort und blickten auf den See.

6. Ist die Neugierde einmal geweckt, dann überwindet sie die grössten Hindernisse. Wer eine Wohnung in der Nähe der Insel hatte, lud bereits während der Nacht seine Bekannten ein oder erhielt ungefragt Besuch. Besonders Geschäftstüchtige besserten ihr Haushaltsgeld auf, indem sie Fensterplätze und Balkone stundenweise vermieteten.

So kam es, dass die Insulaner ihre Morgengymnastik vor unzähligen Zuschauern verrichteten, die jede Kniebeuge mit «ah» und «oh» kommentierten.

Später amüsierte sich das Publikum mit zwei Affen, die schnatternd durch die Baumwipfel kletterten und von weit her zugeworfene Früchte geschickt auffingen.

Gegen zehn Uhr trafen die schwarzen Limousinen ein und spuckten die wichtigsten Männer der Stadt aus. Die wichtigen Männer trugen sämtlich dunkle Anzüge und schritten würdevoll ans Ufer des Sees. An ihrer Spitze ging der Bürgermeister mit einem Megafon in der Hand.

«Liebe Mitbürger und Mitbürgerinnen!», schrie er in die Flüstertüte.

Auf der anderen Seite trat eine junge Frau aus der Blockhütte. Sie legte die Hände an den Mund und rief: «Hallo.»

Der Bürgermeister nickte gnädig und schrie: «Hier spricht der Bürgermeister.»

«Hier nicht», kam es zurück.

Die wichtigen Männer runzelten ihre hohen Stirnen. «Mit denen kann man nicht reden», murmelten sie.

«Sie haben die Verkehrsinsel besetzt», brüllte der Bürgermeister. «Warum?»

«Warum nicht?», rief die Frau zurück.

«Weil hier Autos fahren müssen», schrie der Bürgermeister.

«Jetzt nicht mehr», antwortete die Insulanerin.

Die Leute in den Fenstern begannen zu lachen. Es kam selten vor, dass jemand die wichtigen Männer einmal nicht so wichtig nahm.

Dem Bürgermeister gefiel das weniger. «Das ist ein Verbrechen!», brüllte er.

«Was ist ein Erbrechen?», tönte es von der anderen Seite.

Daraufhin schleuderte der Bürgermeister das Megafon wütend auf den Boden. «Ein Verbrechen», murmelten die wichtigen Männer hinter ihm. «Sehr richtig. Ein Verbrechen.»

«Soll ich Ordnung schaffen?», fragte der Einsatzleiter.

Der Bürgermeister nickte nur und stolzierte zu seinem Wagen. «Grinsen Sie nicht so blöd», schnauzte er seinen Chauffeur an. Dann fuhren die Limousinen davon.

7. Auf dem Bildschirm erschien das Gebäude der Universität. Davor hatten sich junge Frauen und Männer mit bunten Spruchbändern versammelt. Viele von ihnen hatten ihre Gesichter bemalt.

«Gegen die geplante Räumung der Insel kommt es in allen Teilen der Stadt zu Protesten», berichtete der Fernsehsprecher. «Scharfe Kritik an einer Polizeiaktion übten unter anderem die Studentenschaft, der Elternbund und der Naturschutzverein. Weder im Rathaus noch im Innenministerium wollte man dazu Stellung nehmen.»

Am Ende des Berichts schwenkte die Kamera auf ein Transparent mit der Aufschrift WIR SIND ALLE INSULANER.

8. «Nein», sagte der Einsatzleiter und kratzte sich am Kinn.

«Doch», antwortete der Hauptmann. «Krokodile. So lang wie zwei Mann. Wollen Sie sichs anschauen?»

«Danke.» Der Einsatzleiter winkte ab. «Sie haben doch Ihre Schlauchboote.»

«Vielleicht gibt es Klippen in dem See? Wenn wir da auflaufen, Herr Major, dann sind wir nur noch ein Frühstück für die Biester.»

Der Einsatzleiter kratzte sich wieder. «Unmöglich. Da war eine gerade Strasse. Warum sollten da Klippen sein?»

Der Hauptmann zuckte die Achseln. «Wenn mitten in der Stadt eine Dschungelinsel entsteht, mit einem See rundherum, kann es auch Klippen geben.»

Der Einsatzleiter kniff die Lippen zusammen.

«Sie können auch mit Pfeilen schiessen», fuhr sein Untergebener fort.

«Und woher haben sie Pfeil und Bogen?»

Der Hauptmann liess sich nicht beirren. «Wenn mitten in der Stadt eine Dschungelinsel entsteht, mit einem See rundherum und mit Klippen, können die Inselbewohner auch …»

«Schon gut!», brüllte der Major. Er kratzte sich wieder am Kinn. Mittlerweile war da eine rote Stelle entstanden.

Auf der Insel blieb alles ruhig. Keiner der Insulaner liess sich blicken. Selbst die Affen hatten sich in den Schatten zurückgezogen, als spürten auch sie die Spannung.

Fortsetzung auf der CD-ROM (T137)

MANCHMAL

Silvia Löffler

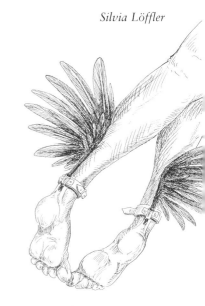

      wünsche ich mir Flügel,
      um mich zu erheben,
      alles loszulassen,
      hinter mir zu lassen –

böse Wörter,
 Gewalt
und die Tränen von der bitteren Sorte.

Doch ich hab nun mal zwei Füsse,
zwei, die fest auf dem Boden stehen,
wenn ich will,
zwei, die mich gehen machen,
 wenn ich will,

                           und
                        manchmal,

                wenn ich will,

                   fliege ich
                  auf meine Art
               mit zwei Füssen!

42

DIE ZEITMASCHINE

📖 *aus: «Die Himmelsstürmer / Im Banne der Zeit»*, Scilly Verlag

Willst du wissen, wohin Megi und Maxi reisen wollen und was sie dort erleben?
Lies weiter auf der Seite 146.

KARAWANE

Hugo Ball

jolifanto bambla ô falli bambla
grossiga m'pfa habla horem
égiga goramen
higo bloiko russula huju
hollaka hollala
anlogo bung
blago bung
blago bung
bosso fataka
ü üü ü
schampa wulla wussa ólobo
hej tatta gôrem
eschige zunbada
wulubu ssubudu uluw ssubudu
tumba ba-umpf
kusagauma
ba – umf

IM JEMEN UNTERWEGS

Salama ist ein kleines Dorf im Jemen, einem Land, das zwischen Saudi-Arabien und dem Indischen Ozean liegt und nur wenigen bei uns bekannt ist. Für Carmen Rohrbach war das Dorf Salama die erste Station einer langen Reise, einer einzigartigen Reise, von der sie schon als Kind geträumt hatte. Allein mit einem Dromedar war sie vier Monate im Jemen unterwegs. Ihr Ziel war die sagenhafte Stadt aus Lehmhäusern – Shibam im berühmten Wadi Hadramaut.

Carmen Rohrbach

Ein abenteuerlicher Plan

Die Kinder wollen nicht glauben, dass es mir bei ihnen gefällt. Fatima schüttelt verwundert den Kopf: «Bei uns gibt es doch überhaupt nichts. Nicht einmal einen Kaufladen.» Ich bin zu Gast in Salama, einem Gebirgsdorf des Jemen. Eingebettet in einen Talgrund und umgeben von steilen Felsen, liegt das Dorf weit entfernt von der nächsten Siedlung. Der Vater von Fatima, der Dorfälteste Qasim, will mir helfen, ein einhöckriges Kamel, ein Dromedar, zu kaufen, denn ich habe einen abenteuerlichen Plan: Ich will 1000 Kilometer durch den Jemen wandern und das Dromedar soll tragen, was ich unterwegs brauche – Nahrung, Wasser und Ausrüstung.

Im Jemen wird Arabisch gesprochen. Damit ich mich verständigen kann, hatte ich zuvor in Sana, der Hauptstadt des Jemen, eine Sprachschule besucht. Das Führen von Kamelen brachten mir Beduinen bei, die ich mit ihren Karawanen begleiten durfte. Nach vielen Monaten Lehrzeit fühlte ich mich ausreichend gerüstet, meine Traumreise zu verwirklichen.

Dorfleben

Jeden Morgen knete ich zusammen mit Walid, der Frau Qasims, den Teig für das Fladenbrot. Beim Frühstück hocke ich inmitten von Kindern und Frauen am Boden eines einstöckigen, würfelförmigen Steinhauses, esse Fladen und trinke süssen, heissen Tee. An manchen Tagen steige ich mit der zwölfjährigen Fatima und ihrer Schwester Samira in die Berge und passe mit ihnen auf die Ziegen auf oder ich spiele mit den Kindern Zielwerfen mit Steinchen. Mir macht es auch Spass, den Mädchen und Frauen beim Unkrauthacken auf den Hirsefeldern zu helfen und Gemüse für das Mittagessen zu putzen.

In die Schule können die Kinder leider nicht gehen, obwohl im Jemen Schulpflicht besteht. Die nächste Schule aber ist 30 Kilometer entfernt, unmöglich, so weit zu laufen. Trotzdem lernen die Kinder Lesen und Schreiben – von Qasim. Sein Sohn Omar erzählt mir stolz: «Wenn ich grösser bin, gehe ich in die Stadt und studiere. Ich will Lehrer werden, dann komme ich zurück und unterrichte die Kinder in Salama.»

Al Wasim – der Schöne
Eines Tages weist Qasim mit ausgestreckter Hand hinauf zu den Felsen: «Schau! Dort kommt dein Kamel!» Tatsächlich, ein Beduine mit einem Dromedar steigt den Berghang hinab und nähert sich dem Dorf. Ich bin mächtig aufgeregt. Wird mir das Tier gehorchen? Habe ich mir nicht zu viel vorgenommen? Lange habe ich von einem eigenen Kamel geträumt, jetzt da es Wirklichkeit wird, spüre ich nun doch ein wenig Angst. Aber beherzt packe

ich das Halfter des Kamels und gebe ihm mit rauen Tönen den Befehl zum Niederknien. Diese Kehllaute habe ich während meiner Lehrzeit als Kamelführerin bei den Beduinen geübt. Das Dromedar folgt sofort, knickt zuerst die Vorderbeine, dann die Hinterbeine ein. Ich befühle seinen Höcker, er ist fest und stramm. Ein gutes Zeichen, das Tier ist gesund und wohlgenährt. Ein Blick in sein Maul – nach der geringen Abnutzung der Zähne zu urteilen ist es noch jung, höchstens acht Jahre alt. Das Fell ist sandfarben und seine Augen sind braun und von langen Wimpern beschattet. Es ist ein männliches Tier, denn nur diese werden zum Lastentragen ausgebildet.

«Wie heisst das Dromedar?», frage ich.

«Gib ihm einen Namen. Er gehört jetzt dir», sagt der Beduine. «Al Wasim!», rufe ich spontan aus, denn ich habe noch nie ein schöneres Kamel gesehen. Welcher Name wäre da passender als «der Schöne»?

Am nächsten Morgen belade ich meinen Schönen mit Wasser und Essen. Bei einer Tagestour will ich testen, ob es mit uns beiden klappt. Folgsam erhebt er sich, als ich den Befehl dazu gebe. Ich atme auf – ein guter Anfang! Das Seil in der Hand gehe ich voran. Das Seil strafft sich. Ich blicke mich um. Der Schöne stemmt seine Beine in den Boden und rührt sich nicht von der Stelle. Ziehen hätte keinen

Zweck. Kamele sind viel stärker als Menschen. Mit einem dünnen Zweig wippe ich leicht durch die Luft, ohne ihn zu berühren, und rufe aufmunternde arabische Worte. Al Wasim schaut mich prüfend aus seinen dunklen Augen an und gibt schliesslich seinen Widerstand auf. Eine Weile folgt er mir bereitwillig.

Der Pfad macht eine Biegung und das Dorf verschwindet aus unserem Gesichtsfeld. Al Wasim bleibt abrupt stehen, denn Kamele sind klug und vorsichtig. Solange mein Schöner das Dorf sah, fühlte er sich sicher. Nun aber fürchtet er sich, denn es könnte ja gefährlich sein, mit einer fremden Person wie mir weit weg zu gehen. Er reisst sein Maul auf, zeigt mir seine gelben Eckzähne und brüllt markerschütternd. Ich tue so, als sei ich davon nicht beeindruckt, und wippe freundlich mit meinem Stöckchen und sage: «Schöner Al Wasim, vertraue mir – zu zweit sind wir ein unschlagbares Team!» Und es nützt, er folgt mit weiter hinauf in die Berge.

Unterwegs

Mit meinem Dromedar Al Wasim wandere ich während des Vormittags unserer Tagestour vier Stunden, dann steht die Sonne im Zenit – Mittagszeit. Ich freue mich, wie gut diese erste Bewährungsprobe klappt. In einem einsamen Tal raste ich mit Al Wasim unter einem Schatten spendenden Akazienbaum. Mein Kamel stillt seinen Hunger mit dürren Gräsern und Disteln. Ich sitze unter dem Baum, den Rücken an den knorrigen Stamm gelehnt, und schaue dem Tier beim Fressen zu. Unerschrocken greift Al Wasim mit seinen zarten

Lippen nach stachligen Gewächsen und würgt sogar Zweige des Christusdorn-Baumes mit acht Zentimeter langen Dornen hinunter. Damit die Speiseröhre nicht verletzt wird, produzieren Kamele jede Menge schäumenden Speichel, der die dornige Nahrung umhüllt.

Nicht zuletzt wegen seiner Genügsamkeit habe ich mir ein Kamel als Reisebegleiter gewählt. An trockenen Pflanzen wird unterwegs kein Mangel sein und mindestens fünf bis zehn Tage kann ein Kamel ohne Wasser überleben, denn sein Höcker ist ein Fettspeicher. Beim Abbau des Fettes entsteht nicht nur Energie, sondern auch Wasser.

Ich dehne die Pause aus, denn es ist ein köstliches Gefühl, im Schatten unter einer Akazie zu sitzen. Kein Mensch weit und breit. Nur die Stille, durch die der Wind säuselt. Trotz der langen Mittagsrast ist Al Wasim wütend, als ich ihn wieder belade.
Er röhrt und gurgelt und bleckt die Zähne. Alle Kamele murren auf diese Weise und empören sich über ihr Schicksal als Lastenträger. Die Beduinen haben mir eine Legende erzählt, die dieses Verhalten erklärt: Einst standen Kamele an der Spitze aller Lebewesen, darüber wurden sie hochmütig und böse. Da erzürnte Gott, in Arabien wird er Allah genannt, und sprach donnernd: «Ihr habt meine Gunst verscherzt! Nun müsst ihr Lasten schleppen!» Irgendwann sei die Strafe abgegolten, hoffen die Kamele und schreien vor Enttäuschung laut auf, wenn sie wieder die Last spüren.

Zurück in Salama

Die Sonne versinkt hinter den Gipfeln, als ich Al Wasim den Abhang hinabführe. Tief unten liegt das Dorf Salama mit seinen Häusern aus dunklem Felsgestein und den Hirse- und Gemüsefeldern, klein wie Gärten. Acht Familien mit insgesamt 70 Männern, Frauen und Kindern haben sich in dieser harten Umwelt eine Oase des Lebens geschaffen und mich so herzlich in ihrer Mitte aufgenommen, dass mir jetzt beim Anblick von Salama zumute ist, als würde ich heimkommen.

Und da sehe ich schon Omar, Karim und Saleh, die Brüder von Fatima. Sie rennen mir entgegen, jeder will Erster sein. Die Mädchen winken und trillern laut mit ihren Zungen. Ihre Gewänder leuchten in Grün, Türkis und Rot, prächtige Farbtupfer in der braunen Berglandschaft. Die Erwachsenen stehen vor den Türen und schauen mir neugierig entgegen.

Ich freue mich auf den heissen Tee und darauf, in ihrer Mitte zu sitzen und von meinem Erlebnis zu berichten. Aber ich werde meine Geschichte zweimal erzählen müssen, denn Männer und Frauen versammeln sich getrennt in jeweils eigenen Räumen, nur die Kinder haben überall Zutritt.

Morgen werde ich mit Qasim zum Suq fahren, wie der Markt in arabischen Ländern heisst, und Lebensmittel für meine Reise kaufen. Mit Al Wasim will ich dann das wüstentrockene Audhali-Gebirge und das Hochplateau des Jol überqueren. In den Tälern werden wir Wasser finden und in den Siedlungen kann ich später neue Lebensmittel für mich und frisches Grün für Al Wasim kaufen. Mein Ziel ist das geheimnisvolle Wadi Hadramaut, dort liegt Shibam, die sagenhafte Stadt aus Lehm-Hochhäusern.

 Mehr über das Kamel findest du auf der CD-ROM (T118).

HAUSAUFGABEN

Heute Nachmittag bin ich bei den Hausaufgaben eingeschlafen. Zum Glück kam eine Karawane vorbei. Einer der Reisenden schrieb mein Aufsatzheft voll. Es ist ein sagenhafter Aufsatz: spannend und nur zwei Rechtschreibfehler. Hoffentlich kann der Deutschlehrer die arabische Schrift entziffern.

Wolfgang Mennel

JEMEN (AUS DEM LEXIKON)

Hauptstadt: Sana
Lage: 43°–53° östl. Länge, 13°–19° nördl. Breite
Fläche: 536 869 km²
Einwohner: 14 500 000
Amtssprache: Arabisch
Religionen: Muslime 99%, andere 1%
Währung: Jemen-Rial
Analphabetenrate: 62%
Lebenserwartung: 50 Jahre
Einwohner pro Arzt: 5 531

Der Jemen liegt an der Südspitze der Arabischen Halbinsel. Er besitzt mehr fruchtbares Land als seine Nachbarländer. Im westlichen Hochland kommt es regelmässig zu Niederschlägen. Dieses Gebiet ist deshalb für den Ackerbau besonders gut geeignet. An der Küste und in den Bergen im Osten des Landes herrscht ein heisses, trockenes Klima. Im Jemen gibt es auch Erdöl. Der Erdölexport ist für den Jemen eine wichtige Einnahmequelle.

Gesellschaft

Die meisten Jemenitinnen und Jemeniten sind muslimische Araber und gehören unterschiedlichen Stämmen an. Jeder Stamm hat einen Scheich als Führer und besitzt eigene Bräuche und Trachten. Die Angehörigen eines Stammes leben in Grossfamilien. Mehrere Generationen wohnen unter einem Dach.

Terrassenfeldbau

Überall im Jemen findet man terrassierte Berghänge. Damit vergrössern die Bauern ihre Anbaufläche. Mehr als die Hälfte der Jemenitinnen und Jemeniten lebt von der Landwirtschaft. Angebaut werden vor allem Weizen und Sorghum (eine Hirseart), Zitrusfrüchte und Datteln. Viele Bauern halten Ziegen, Schafe oder Rinder.

Kaffee und Weihrauch

Vermutlich waren es die Jemeniten, die zum ersten Mal aus Kaffeebohnen ein Getränk brauten. Auch heute noch produziert man im Jemen hochwertige Kaffeebohnen.

Ebenfalls bekannt ist der Jemen für seine Weihrauchbäume, die im Süden des Landes wachsen. Das Land liegt an der Weihrauchstrasse, einer der wichtigsten Handelsstrassen der Vergangenheit.

Sana

Sana, die Hauptstadt Jemens, ist eine sehr alte Stadt. In der Altstadt gibt es Wohnhäuser aus Lehm, die bereits über 400 Jahre alt sind. Manche von ihnen sind bis zu 50 m hoch. Die Fassaden dieser Gebäude sind mit typischen Mustern verziert.

ERINNERUNGEN

Mohieddin Ellabbad

Alle Menschen haben Erinnerungen. Manche Erinnerungen haben sich mehr, andere weniger tief eingeprägt. Einige sind mit Gefühlen, andere mit Gerüchen verbunden.
Mohieddin Ellabbad denkt in seinem «Notizbuch des Zeichners» über kleine Andenken aus seiner Kindheit nach. Der Autor und Illustrator stammt aus Ägypten. Das Buch liest sich von hinten nach vorn oder, besser gesagt, von rechts nach links.

Seit ich klein war, bewahre ich alle möglichen Dinge als Andenken auf. Sie sehen vielleicht nicht aus, als wären sie etwas Besonderes. Aber wenn ich sie anschaue, kommen mir manchmal Ereignisse in allen Einzelheiten in den Sinn, die vor langer Zeit passiert sind. Dann wird die Vergangenheit vor meinen Augen wieder lebendig. Hier stelle ich ein paar dieser kleinen Erinnerungen vor. Es sind Andenken, die das Gedächtnis anregen, und ohne waches Gedächtnis wären die alten Tage leblos. Ja es wäre, als hätte es sie nie gegeben. Auch viele Sehenswürdigkeiten können eine Art Andenken sein, zum Beispiel die Pyramiden, die Sphinx, die antiken Bauwerke und die Gegenstände in den Museen und Bibliotheken. Ob winzig oder riesig, sie sind alle auch Erinnerungen, die in unserem Gedächtnis längst vergangene Zeiten wieder zum Leben bringen.

تذكارات (تحقيق)

منذ أيام الطفولة وأنا أحتفظ بعدد من التذكارات الصغيرة التي تبدو ساذجة. لكن رؤيتي لها كثيراً ما تجعلني أتذكر فترات مضت من العمر بتفاصيلها الرائعة. وعند ذلك تحضر الأيام الماضية أمامي حية زاخرة. وعلى هذه الصفحة، أقدم بعض ما أحتفظ به من تذكارات صغيرة. والتذكارات تنمي الذاكرة وتنشطها، ولولا ذاكرتنا الحية النشطة لفقدت الأيام الماضية الحياة، ولأصبحت غير موجودة.

ويمكننا أن نعتبر الكثير من المعالم الهامة في الدنيا أنواعاً من التذكارات: فالأهرام وأبو الهول والعمائر القديمة، وما تضمه المتاحف ودور الكتب، كلها (وإن كانت ضخمة) أيضاً تذكارات تحيي الزمان البعيد في ذاكرتنا من جديد!

«AM LIEBSTEN BIN ICH AUF DEM FUSSBALLPLATZ.»

Walter Loeliger **Zum Beispiel Mario (11) aus Azmoos (SG)**

Am Mittwoch ist der Unterricht um 12 Uhr fertig. Wenn Mario mit dem Fahrrad nachhause fährt, dann weiss er bereits, wo er am Nachmittag hin will: Die steile Bergstrasse, die von Matug hinunter nach Azmoos führt, ist sein Ziel. Dort will er mit seiner Seifenkiste einen neuen Rekord aufstellen. Was heisst hier Seifenkiste? Einen stabilen Metallrahmen hat das Ding, und mit Seife hat es gar nichts mehr zu tun! In der Werkstatt des Grossvaters ist das Gefährt entstanden, und es hat schon einige Abenteuer erlebt ...

Die Werkstatt befindet sich im Ferienhäuschen der Grosseltern, das hoch über dem Dorf liegt. Dort feiert Mario im Sommer jeweils auch seinen Geburtstag. Und das mitten in den Ferien, am 28. Juli. Es gibt ein richtiges Sommerfest, zusammen mit Freunden aus der Schule. Sein absoluter Lieblingsort ist allerdings der Fussballplatz. Mario sammelt nicht nur Fussballerbildchen, sondern er spielt selber im FC Trübbach. Mehrmals wöchentlich geht er zum Training. «Eines Tages möchte ich mal nach Amsterdam», sagt Mario, «die haben die beste Fussballausbildung.»

Und im Winter? Skifahren ist seine zweite grosse Leidenschaft. Mario ist Mitglied im Skiclub. «Ist doch logisch, wenn man so schöne Berge in der Nähe hat», meint er.

Mario geht zusammen mit 22 andern Kindern in die 5. Klasse im Schulhaus Trübbach. Dort hat es insgesamt zwei 5. und zwei 6. Klassen. Die Kinder kennen sich alle bereits seit Beginn der Primarschule. Für die Mittelstufe haben sie zu einem andern Lehrer gewechselt. Neu ist für Mario aber nicht nur der Lehrer, sondern auch das Fach Französisch. «In der Schule habe ich das gern, da reden wir viel. Nur Hausaufgaben finde ich nicht gut; da muss man dann viel schreiben ...»

Weil es in ihrem Schulhaus keine Turnhalle hat, geht die Klasse jeweils ins nahe gelegene Schulhaus Feld. Einmal pro Woche fahren die Kinder mit dem Schulbus in die Turnhalle des Nachbardorfes. Und wie ist das mit dem Schwimmunterricht? Die nächst gelegene Schwimmhalle liegt in Balzers im Fürstentum Liechtenstein. Also fährt die Klasse zum Schwimmen einmal monatlich mit dem Postauto ins Ausland! Die Frage, ob das etwas Besonderes für ihn sei, versteht Mario gar nicht. Die Nähe zum Fürstentum ist hier das Normalste der Welt, und die Grenze fällt kaum jemandem auf.

Im Klassenzimmer hat es eine Bibliothek. «Lesen ist nicht meine Stärke», sagt Mario. Vielleicht untertreibt er da ein bisschen, denn auch er leiht sich regelmässig Bücher aus, vor allem Sachbücher.

Zusammen mit seiner Mutter und seinem Bruder Adrian bewohnt Mario ein Einfamilienhaus oberhalb des Dorfes. Marios Eltern sind geschieden; der Vater wohnt im Nachbardorf. In der Freizeit sind die beiden Buben oft mit ihm zusammen. Mario versteht sich gut mit seinem Bruder. Die beiden teilen sich ein Zimmer, und oft machen sie am Tisch im Esszimmer zusammen Hausaufgaben. Manchmal setzt sich auch die Mutter dazu.

Was er einmal werden möchte? «Keine Ahnung», sagt Mario, «mir gefällt es zurzeit so, wie es ist.»

Name: Mario
Alter: 11 Jahre
Geschwister: ein Bruder
Wohnort: Azmoos (SG)
Schule: 5. Klasse Trübbach
Muttersprache: Deutsch
Fremdsprache: Französisch (ab 5. Klasse)
Lieblingsessen: Pizza oder Lasagne
Hobby: Fussball
Letzte Ferien: Cecina (Italien)
Ziel/Berufswunsch: «Mir gefällt es so, wie es ist.»

HIER BEI UNS

Die Menschen in der Schweiz sprechen ganz viele Sprachen. Zu den vier Landessprachen Deutsch, Französisch, Italienisch und Rätoromanisch kommen zahlreiche Dialekte sowie Sprachen von Menschen, die aus andern Ländern stammen.
Einige Hörbeispiele findest du auf der CD-ROM.

MERGIM
spricht Albanisch und lernt in der Schule Deutsch.

IVANA
spricht Deutsch und Kroatisch.

MARIO
spricht Deutsch und lernt in der Schule Französisch.

Porträt:
CD-ROM T113

Hörbeispiel
Albanisch:
CD-ROM Audio6-7

Porträt:
Buch Seite 60

Porträt:
Buch Seite 56

Hörbeispiel
Wartauer Dialekt:
CD-ROM Audio4

Basel   Zurzach
   Isenthal   Azmoos
         Tavanasa

DORIS
spricht Deutsch und lernt in der Schule Italienisch.

NADINE
spricht Rätoromanisch und lernt in der Schule Deutsch.

Porträt:
CD-ROM T112

Hörbeispiel Urner Dialekt:
CD-ROM Audio5

Porträt:
CD-ROM T111

Hörbeispiel Romontsch sursilvan:
CD-ROM Audio3

«MEIN ZIEL IST DER SCHWARZE GÜRTEL.»

Walter Loeliger Zum Beispiel Ivana (11) aus Zurzach (AG)

Wenn Ivana zu erzählen beginnt, dann hört sie nicht so schnell wieder auf. Es sprudelt nur so aus ihr heraus! Familie, Schule, Hobbys, Zukunft: Zu allem hat sie viel zu sagen.

Eigentlich ist es nicht selbstverständlich, dass Ivana auf Deutsch erzählt. Ihre andere Muttersprache ist Kroatisch. Ivanas Eltern sind vor vielen Jahren aus Kroatien in die Schweiz eingewandert; sie sprechen beide nicht so gut Deutsch wie ihre Tochter. Ivana aber ist mit beiden Sprachen aufgewachsen: zuhause Kroatisch, auswärts Deutsch. Sie spricht beide Sprachen perfekt, und sie kann auch verschiedene Dialekte unterscheiden.

Geboren ist Ivana nämlich weder in Zurzach noch in Kroatien, sondern in Zermatt, am Fuss des Matterhorns. Ihre Eltern haben dort in einem Hotel gearbeitet, der Vater als Koch und die Mutter im Service. Vor etwa fünf Jahren ist die Familie nach Zurzach gezogen. In den Winterferien fährt Ivana regelmässig wieder nach Zermatt; dort wohnen Onkel und Tante, und dort kann sie Ski fahren. Heute kommt ihr der Dialekt, den die Walliser sprechen, spanisch vor. Aber damals, als sie selbst noch in Zermatt gelebt hat, hat sie auch so gesprochen. Das kann sie sich heute kaum noch vorstellen!

Ivana versteht auch Bosnisch und Serbisch. «Serbisch und Kroatisch sind etwa so weit auseinander wie Walliser und Aargauer Dialekt», sagt sie. In der Schule spricht sie mit ihrer serbischen Freundin Deutsch, doch manchmal stellen sie auch kurz auf Serbisch um.

Der Umgang mit verschiedenen Sprachen ist für Ivana eine Selbstverständlichkeit. Nächstes Jahr, in der 6. Klasse, kommt neu Französisch dazu, und später Englisch. Ob sie einmal einen Beruf mit Sprachen erlernen möchte? «Nein», sagt sie entschlossen, «ich möchte Architektin werden.» Warum gerade Architektin? «Weil ich zwei Fächer besonders mag, die man dafür sicher gut brauchen kann: Zeichnen und Mathematik.»

Fühlt sie sich in Zurzach zuhause? «Sicher!», lacht sie, «wo denn sonst?» Dennoch: Der Umzug damals, quer durch die Schweiz, war nicht einfach gewesen. Sie musste alles Liebgewonnene zurücklassen, auch ihre Freundinnen und Freunde. «Ich will nie mehr zügeln!», sagt sie. Heute ist sie froh, in Zurzach zu sein. Sie hat neue Freundinnen, eine tolle Schulklasse und viele Hobbys.

Im Schulhaus werden insgesamt fünf Klassen unterrichtet, «Kleine» und «Grosse» zusammen. Manchmal gibt es kleine Streitereien, aber meistens ist die Klasse «gut drauf». Die Mädchen unter sich kommen gut miteinander aus, «und auch die Buben sind meistens ganz nett.» – Ivana wohnt ganz in der Nähe; für den Schulweg braucht sie nur ein paar Minuten.

Name: Ivana
Alter: 11 Jahre
Geschwister: keine
Wohnort: Zurzach (AG)
Schule: 5. Klasse Zurzach
Muttersprache: Kroatisch und Deutsch
Fremdsprache: Französisch (ab 6. Klasse)
Lieblingsessen: alles
Hobby: Judo, Volleyball, Basketball, Schwimmen
Letzte Ferien: Zermatt
Ziel / Berufswunsch: Architektin

Ivana geht sehr gerne zur Schule. Nur etwas gefällt ihr nicht. Manchmal beginnt die Schule schon um 7.30 Uhr. Nicht dass sie morgens gerne länger schlafen würde, nein, früh aufstehen macht ihr gar nichts aus. Aber es stört sie, dass sie dann jeweils am Vorabend früher schlafen gehen muss. Und das ärgert sie. Dabei könnte man noch so viel unternehmen! Zum Beispiel lesen: Ivana liest viel, alles was ihr zwischen die Finger kommt: Romane, Krimis, Sachbücher.

Den grössten Teil ihrer Freizeit verbringt Ivana beim Sport: Sie ist in der Mädchenriege, und dort wird auch mal Basketball und Volleyball gespielt. Ihre liebste Sportart aber ist Judo! Seit einem Jahr trainiert sie regelmässig, und sie zählt die verschiedenen Stufen alle sorgfältig auf: weisser Gürtel, gelber, oranger, grüner, blauer, brauner, schwarzer. Im kommenden November sind Clubmeisterschaften, und da will sie mitmachen. Judo ist ein Kampfsport; Mädchen sind beim Judo in der Minderzahl. «Manchmal tut es ein bisschen weh, wenn man nicht richtig hinfällt», erklärt Ivana. Und dann ergänzt sie schmunzelnd: «Aber das ist ja bei den Buben nicht anders.»

In den letzten Sommerferien war die Familie gemeinsam in Kroatien, am Meer und auch in der Hauptstadt Zagreb. Ivanas Grosseltern wohnen dort, und in der Nähe sind Ivanas Eltern seit vielen Jahren daran, ein Haus zu bauen. Es ist im Rohbau fertig. Erst das Badezimmer und eines der Schlafzimmer sind eingerichtet. Jedes Jahr kommt etwas Neues dazu.

Ivana spricht mit leuchtenden Augen von Kroatien. Man merkt, dass sie dieses Land gern hat. Möchte sie später einmal dorthin ziehen? «Sicher nicht», sagt sie, «nie mehr zügeln!» Dass die Eltern aber vielleicht eines Tages in ihre Heimat zurück möchten, könnte schon sein. Wer weiss.

64 EINE WETTE UND VIERUNDZWANZIG BEINE

Bettina Obrecht

Papa sagt immer: «Erstens wettet man überhaupt nicht und zweitens nur dann, wenn man ganz sicher ist, dass man gewinnt.»

Ich war ja so superdämlich. Total sicher war ich mir. Wenn es nicht gerade Arthur gewesen wäre. Arthur, der in einem einzigen Schuljahr so viel Mist erzählt hat wie andere wahrscheinlich in zehn Jahren!

Sein Vater ist auf Expedition im Regenwald, hat er gesagt. Und seine Mutter begleitet ihn. Und in den Ferien darf er auch dahin, in den Regenwald, hat er gesagt. Sogar von Indios mit Giftpfeilen hat er gefaselt.

Man muss Arthur gesehen haben! Er ist klein und schmächtig und blass.

Von diesen abenteuerlichen Eltern hat logischerweise keiner jemals eine Spur gesehen. Wir kennen alle nur Arthurs graue Grosseltern. Die sind zwar ganz nett, aber sterbenslangweilig. Seine Oma putzt den ganzen Tag das Haus. Sein Opa löst von morgens bis abends Kreuzworträtsel.

Da lag es doch nahe, dass Arthur einfach keine Eltern hatte. Dass die sich nach seiner Geburt aus dem Staub gemacht und Arthur einfach bei seinen Grosseltern abgeliefert hatten.

Und dann ausgerechnet Vogelspinnen! Ich hatte Arthurs Grossmutter nur einmal bei einer Klassenfeier gesehen. Sie war sehr ordentlich angezogen und gekämmt und spreizte beim Kaffeerühren den kleinen Finger ab. So eine sprüht bestimmt täglich jeden Quadratzentimeter im Haus mit irgendeinem Giftzeug gegen Ungeziefer ein. Und die sollte Vogelspinnen im Haus dulden. Drei Stück. Also im Ernst, wer hätte denn das für möglich gehalten?

«Nie im Leben!», habe ich also zu Arthur gesagt.

«Wetten?» Arthur hat mich fest angeschaut.

«Um was?»

«Wenn es stimmt, dann musst du die Spinnen nachhause mitnehmen. Alle drei. Und sie müssen eine Nacht in deinem Zimmer verbringen.»

«Von mir aus.» Ich grinste. «Macht mir doch gar nichts aus. Ausserdem hast du ja überhaupt keine Spinnen. Du spinnst höchstens selber.»

Arthur schob die Unterlippe vor. Er tat mir fast ein bisschen Leid. Es muss schwer sein, wenn man keine richtigen Freunde hat. Wenn sich alle über einen lustig machen. Wenn die anderen nach der Schule von ihren tollen, jungen, wirklichen Eltern abgeholt werden. Man kann es irgendwie verstehen, wenn so einer lügt.

«Wenn du die Wette verlierst, musst du dafür absichtlich eine schlechte Mathearbeit schreiben», habe ich gesagt. Das war gemein, weil Arthur in Mathe sehr gut ist.

Arthur hat genickt.

«Du kannst nach der Schule zu mir mitkommen. Die Spinnen nimmst du dann gleich mit.»

Ich fands komisch, dass er kein bisschen nervös wurde.

Vielleicht konnte Arthur viel besser bluffen, als ich ihm zugetraut hätte.

Die sechste Stunde verbrachte ich in der üblichen Mischung aus Langeweile, Hunger und Vorfreude auf den schulfreien Nachmittag. Über Arthurs Spinnen machte ich mir keine Gedanken. Mir war nur lästig, dass ich nach der Schule einen Umweg fahren musste. Und das, obwohl ich so einen Bärenhunger hatte.

Arthur nervte mit seinem klapprigen alten Damenrad. Ich musste an jeder Ecke auf ihn warten.

«Beeil dich.» Ich klingelte ungeduldig mit der Fahrradklingel. «Deine Spinnen haben Sehnsucht nach dir.»

«Die schlafen noch», sagte Arthur nur und fuhr Schlangenlinien um ein paar Wegschnecken.

Der hatte wirklich die Ruhe weg.

Einen kleinen Moment lang war ich sogar neidisch auf Arthur. Er hatte noch nicht mal sein Fahrrad abgestellt, als seine Oma schon die Tür aufmachte.

Würde mir auch gefallen, wenn mittags jemand zuhause wäre. Nicht nur die Katze und der Zettel von Mama.

«Hast du eine Freundin mitgebracht?», fragte Arthurs Oma freundlich. «Das ist schön. Das Essen reicht für alle.»

Arthur lief rot an.

«Ich will nur schnell was gucken», murmelte ich. «Ich geh dann gleich.»

«Schade», sagte Arthurs Oma. «Arthur ist viel zu oft allein.»

Kein Wunder, dachte ich.

Arthur drängelte sich schnell an seiner Oma vorbei. Ich drängelte nach. Die Oma roch gut nach warmem Mittagessen.

Arthur raste die Treppe rauf. Ich hinterher. Als ich oben ankam, war er schon in seinem Zimmer verschwunden. Ich hörte nur noch seine Stimme.

«Na, habt ihr mich vermisst? Jetzt bin ich ja wieder da.»

Ich musste grinsen. Der machte seine Sache wirklich ganz gut.

«Hallo, liebe Spinnen», rief ich von weitem. «Ich komme!»

Ich trat ins Zimmer.

Und, ich muss es leider zugeben, kreischte so laut, dass Arthurs Grosseltern an die Treppe gestürzt kamen und irgendwas Besorgtes riefen, was ich nicht verstand.

Auf Arthurs Hand sass eine fette, riesige, haarige rote Spinne.

Und ... auf Arthurs Kopf sass die fetteste, haarigste, riesigste schwarze Spinne.

«Diana, Vanessa und Archibald», stellte Arthur vor. «Diana und Archibald sind verliebt. Wenn ich Glück habe, kriegen sie Kinder.»

Er streckte mir die Spinnenhand hin. «Willst du sie mal streicheln?»

Ich wollte in diesem Moment vieles: zum Beispiel schreien, weglaufen, mich übergeben, in Ohnmacht fallen. Aber Spinnen streicheln bestimmt nicht.

«Du hast die Wette verloren», stellte Arthur sachlich fest. «Ich packe dir die Spinnen gleich ein. Pass auf, dass du sie nicht quetschst. Du kannst sie ruhig streicheln, für Menschen sind sie nicht gefährlich.»

Was hätte ich tun sollen?

Ich hatte die Wette nun mal verloren.

Man sollte wirklich überhaupt gar nie wetten, nicht mal, wenn man sich total sicher ist, dass man gewinnt.

«Bleibst du wirklich nicht zum Essen?», fragte Arthurs Oma, als ich mit meinem verschnürten, durchlöcherten Karton in der Hand zur Haustür schlich.

Ich konnte nur den Kopf schütteln.

«Du solltest aber was essen!», rief sie mir noch nach. «Du siehst so blass aus!»

Ob die Spinnen ihre Beine durch die Luftlöcher bohren konnten?

Ich liess den Karton in meinen Fahrradkorb fallen, trat einen Schritt zurück und rieb meine Handflächen an meiner Hose.

Sicher stand Arthur am Fenster, beobachtete mich und lachte sich schlapp.

Nein, wenigstens meine Würde musste ich retten, wenn ich schon sonst alles verloren hatte. Ich schwang mich auf mein Rad und fuhr mit möglichst geradem Rücken um die nächste Ecke.

An der nächsten Bushaltestelle musste ich mich hinsetzen. Der Mülleimer war – ausnahmsweise – verlockend leer. Aber nein, ich konnte Arthurs Spinnen nicht einfach wegschmeissen. Sie waren bestimmt ein Vermögen wert und ausserdem mochte Arthur sie offenbar gut leiden.

Der war verrückt. Das hatte ich ja geahnt. Aber ich konnte doch nicht wissen, dass er SO verrückt war!

Ich setzte mich auf die Bank und zog mein Handy aus der Tasche. Und Meikes Eltern waren der Meinung, eine Elfjährige müsse nicht rund um die Uhr erreichbar sein!

Meike war zuhause.

«Du musst unbedingt nachher zu mir kommen», sagte ich.

«Warum?»

«Ich muss dir was zeigen. Was ganz Gruseliges.»

«Was denn?», flüsterte Meike.

Ich konnte Meike leider nicht sagen, was ich ihr zeigen wollte. Sie wäre sonst einfach nicht gekommen. Und sie durfte mich heute auf keinen Fall im Stich lassen.

«Bis später», sagte ich einfach und legte auf. Man soll seine beste Freundin ja nicht anlügen.

Zuhause schob ich mein Fahrrad in den Hinterhof und versuchte, nicht in den Fahrradkorb zu schauen.

Dann hängte ich mir die Schultasche über und nahm den kleinen Karton mit spitzen Fingern an den Ecken hoch.

Drin rutschte irgendwas von einer Seite auf die andere.

Ich hatte einen schweren, kalten Stein auf dem Magen liegen, als ich die Treppe hochging.

Gut, dass Mama und Papa nicht da waren. Die konnten Spinnen nicht besonders leiden.

Das hatten sie mir wohl vererbt.

Kaum hatte ich die Tür aufgeschlossen, da rieb sich etwas

Haariges an meinen Beinen. Der kalte Stein fiel mitten in meinen Magen hinein.

Es war natürlich Ferdinand, unser Kater.

An den hatte ich noch gar nicht gedacht.

Wenn Katzen und Vogelspinnen im selben Haus sind, kann alles Mögliche passieren.

Zum Beispiel kann die Katze die Spinnen mit Mäusen verwechseln und sie umbringen. Das würde mir für Arthur ein kleines bisschen Leid tun.

Aber vielleicht können drei Vogelspinnen zusammen auch eine Katze umbringen. «Für Menschen nicht gefährlich», hatte Arthur gesagt. Aber für Katzen?

Ich sperrte den erbärmlich miauenden Ferdinand in die Küche und verfrachtete die Schachtel in mein Zimmer.

Es war Viertel vor zwei.

Ich hatte noch achtzehn Spinnenstunden vor mir. Arthur wollte seine Lieblinge erst morgen vor der Schule wieder abholen. Der Karton lag auf meinem Schreibtisch. Ich lauschte, aber drin rührte sich nichts. Eigentlich musste ich nicht achtzehn Stunden neben den Spinnen sitzen. Ich konnte genauso gut in die Küche gehen und mit Ferdinand spielen.

Aber als ich in der Küche sass, hoben in meiner Fantasie dicke, haarige Spinnenbeine den Deckel des Kartons, vierundzwanzig Augen blinzelten höhnisch ins Licht und dann schob sich ein pelziger Körper nach dem anderen aus der Schachtel heraus, um sich in meinen Schuhen, in meinem Bett oder im Kleiderschrank zu verstecken.

Alle zwei Minuten rannte ich in mein Zimmer. Der Karton lag stumm auf dem Schreibtisch.

Ich rief Meike an, aber ihre Mutter sagte, die sei schon unterwegs.

In der Wohnung war es ganz ruhig.

Ich schaltete den Fernseher ein, machte den Ton aber gleich wieder aus, für den Fall, dass es in meinem Zimmer raschelte oder ein Karton zu Boden fiel.

Ich sprang auf, suchte nach dem Telefonbuch und schrieb mir die Nummern von Polizei, Feuerwehr und Notarzt auf. Und dann noch die Nummer vom Zoo. Die kannten sich wahrscheinlich mit Vogelspinnen aus.

Dann rief ich wieder bei Meike an. Meikes Mutter war schon etwas genervt.

«Ich hab dir schon gesagt, dass sie losgefahren ist. Ist gerade eine Viertelstunde her.»

Ich entschuldigte mich anstandshalber. Aber insgeheim gönnte ich es Meikes Mutter, dass sie genervt war. Schliesslich wollte sie Meike kein Handy kaufen.

Es klingelte.

Meike.

Ihre Augen glänzten: «Was ist es? Ist es sehr gruselig? Sag schon!»

Ich nahm sie wortlos am Handgelenk und zog sie in mein Zimmer vor den kleinen Karton mit den Luftlöchern.

«Was ist da drin?», flüsterte sie.

«Das gehört Arthur», sagte ich.

Und dann klärte ich sie auf.

Als ich es erklärt hatte, stand Meike drei Schritte weiter hinten direkt an der Zimmertür.

«Hast du reingeschaut?», fragte sie, ohne den Blick von der Schachtel zu wenden.

Ich schüttelte den Kopf.

Meike trat wieder ein bisschen näher.

«Woher weisst du dann, dass die Spinnen wirklich drin sind? Hast du gesehen, wie Arthur sie reingetan hat?»

«Ich habe gesehen, wie er sie in der Hand gehabt hat. Und», ich schluckte, «auf dem Kopf.»

«Nein, ich meine: Hast du gesehen, wie er sie in die Schachtel gesteckt hat?»

Ich überlegte. Ehrlich gesagt, ich hatte mich umgedreht und aus dem Fenster gesehen, weil ich nicht auf Arthurs Teppich kotzen wollte.

Meike kam noch näher.

«Ich wette, er hat dich reingelegt», sagte sie.

«Ich wette nie wieder», antwortete ich düster.

«Sollst du ja auch nicht. Ich meine, ich glaube nicht, dass die Spinnen wirklich da drin sind.»

Wir lauschten. In der Schachtel rührte sich nichts.

«Es ist aber was drin», sagte ich. «Wenn man die Schachtel hochhebt, bewegt sich was.»

Meike streckte ganz langsam die Hand nach der Schachtel aus, stupste sie an und zog die Hand schnell wieder zurück.

Willst du wissen, wie es weitergeht?
Hat Arthur die beiden Mädchen hereingelegt?
Oder sind die Vogelspinnen wirklich in der Schachtel?

 Lies weiter auf der CD-ROM (T132).

WEIL ICH BIN

Helmut Glatz

Ich atme ein, ich atme aus,
die Luft geht rein, die Luft geht raus.

Ich gehe vorwärts, Schritt für Schritt,
ein Fuss geht mit dem andern mit.

Ich denke leise, so für mich:
Weil ich ich bin, bin ich ich.

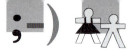

DIE ANDERN!

Markus Ramseier

Grosse Aufregung: Im Schulhausgang ist eine grosse Scheibe in Brüche gegangen. Vier Schülerinnen und Schüler der Klasse 5c stehen vor dem Scherbenhaufen und rätseln darüber, wer den Schaden verursacht hat.

Lara: Das gibts ja nicht, all die Scherben. He, wart ihr das?
Björn: Sicher nicht.
Lisa: Wer denn?
Björn: Die andern!
Lara: Wer?
Björn: Eben, die andern.
Lara: Welche andern?
Björn: Die sind einfach anders ...
Lisa: ... Da kannst du nichts ändern.
Tim: Ist doch klar, sind ja immer dieselben.
Lara: Wo sind sie überhaupt?
Björn: Was gehts uns an?
Lisa: Wie wisst ihr denn, dass es die andern waren?
Björn: Mann, das weiss doch jeder.
Lara: Wieso?
Tim: Wir habens nicht gesehen.
Lara: Aber warum ...
Tim: ... Warum, warum ... Weils uns nicht interessiert.
Lara: Wie kann so was nur passieren?
Björn: ... Frag doch die andern.
Lara: Wann ist es geschehen? ... Das muss ja ...
Tim: ... Die andern habens todsicher gesehen.
Björn: Die gaffen überall zu. Die haben nichts anderes zu tun.
Lara: Aber ... die andern, hast du gesagt, wie ...
Tim: ... nicht diese andern, Himmel noch mal: die andern andern!

DISPUT

75

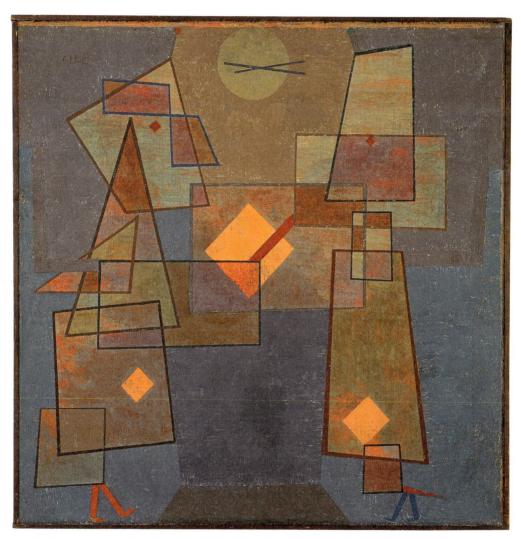

*Paul Klee (1879–1940), «Disput», 1929, 232, Öl auf Leinwand, 67 x 67 cm,
Paul-Klee-Stiftung, Kunstmuseum Bern*

 Ein Porträt von Paul Klee findest du auf der CD-ROM (T138).

ICH WEISS NICHT, WAS SOLL ES BEDEUTEN

Brigitte Schär

Ich weiss nicht,
was soll es bedeuten,
dass ich
nie nie nie nie nie
im Leben Recht haben soll.
Es ist zum Haareausreissen
zum Nägelkauen
zum Nasenbohren,
zum überall Kratzen,
weils so juckt und beisst,
zum Knirschen mit den Zähnen,
am Tag und in der Nacht.
    Ich kanns kaum erwarten,
    der Welt zu zeigen,
    wie Recht ich hab.

DAS OBERSTE BLATT

Ein Elefant war kürzlich in der Steppe aufgetaucht – rätselhaft, woher er kam. Allmorgendlich lief er zu einem Baum mit mächtiger Krone, streckte sich und pflückte vom höchsten Zweig das oberste Blatt. «Das vertreibt die Schläfrigkeit, regt den Appetit an und macht gute Gefühle», sagte er.

Hans Manz

Einmal zog eine grosse Elefantenherde vorüber, die ihn aufnahm, als wäre er einer der ihren. Sie streiften kreuz und quer durch die Steppe auf der Suche nach Grünfutter. Aber der Elefant, der vor ein paar Tagen aufgetaucht war – rätselhaft, rätselhaft! –, blieb seiner Gewohnheit treu, suchte am Morgen den grössten Baum in der Nähe, holte das oberste Blatt vom höchsten Zweig.

Eines Morgens allerdings konnte er es nicht erhaschen, sosehr er sich auch streckte. «Nanu, da scheint es sich ja um einen wahren Baumriesen zu handeln», brummte der Elefant und gab sich widerwillig mit dem zweitobersten Blatt zufrieden. Und als er in den folgenden Tagen immer nur das zweitoberste, einmal sogar nur das drittoberste erreichte, dachte er: «Diese Bäume scheinen immer noch zu wachsen, so alt und so ausgewachsen sie auch aussehen mögen.»

Er machte sich keine weiteren Sorgen darüber, bis er, mit dem Rudel über die Steppe wandernd, den Eindruck hatte, dass ihm seine Gefährten langsam, aber stetig über den Kopf wuchsen. Gleichzeitig kam ihm das derart unwahrscheinlich vor, dass er glaubte, sich alles nur einzubilden, vielleicht der grossen Hitze wegen.

Aber dann geschah, was geschehen musste. Einer seiner Freunde sagte: «Ich kann mich ja täuschen, aber es kommt mir so vor, als müsste ich je länger desto mehr zu dir hinunterblicken, wenn ich mit dir rede.» Und schliesslich bemerkten alle in der Herde, dass da unter ihnen einer war, der sich verkleinerte.

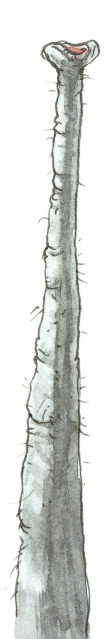

Zusprüche wie «Du bist ja ein echtes Naturwunder» oder «So wie es abwärts geht, kanns auch wieder aufwärts gehen» waren ein geringer Trost. In seiner Not befolgte er lieber alle Ratschläge, die ihm gegeben wurden:

«Bade im roten Sand, aber erst, wenn der Mond aufgeht.»

Er tat es.

«Friss eine Woche lang nur die Rinde des Flaschenbaumes!»

Er tat es.

«Trink von der Milch der Elefantenmütter, die Junge haben.»

Er tat es und war inzwischen nicht mehr viel grösser als ebendiese Elefantenkinder. Wäre hier sein Zusammenschrumpfen zu Ende gegangen, hätte er sich durchaus glücklich fühlen können. Er tollte, spielte, alberte mit ihnen herum, bis er der Kleinste der Kleinen war. Und obwohl ihn alle umsorgten, ihn immer in die Mitte der Herde nahmen, um ihn vor Löwen und Wildhunden abzuschirmen, wuchs seine Scham und die Furcht, er könnte trotz aller fürsorglichen Zuwendung einmal aus Versehen zertrampelt werden. Darum schlich er sich eines Nachts von der Herde weg, versteckte sich in der verlassenen Höhle eines Erdwolfes, ein paar Tage später in der Wohnung einer Wanderratte, darauf im Loch einer Stachelmaus.

Und als er endlich unter einem dürren Akazienblatt Schutz fand, spürte er plötzlich ein Zucken und Ziehen am ganzen Leib. Es wuchsen ihm zarte, durchsichtige Flügel, ebenso ein drittes Beinpaar.

DAS OBERSTE BLATT 79

Und bei Sonnenaufgang flog er als jene Mücke auf, aus der kürzlich jemand in grosser Aufregung einen Elefanten gemacht hatte. Sie flog auf zum obersten Blatt des höchsten Zweiges eines Baumes, der nun allerdings so hoch sein konnte, wie er nur wollte.

Warum stampfen Elefanten mit den Füssen?

Elefanten können sich über weite Distanzen miteinander verständigen. Durch Stampfen und durch tiefe Töne, die für das menschliche Ohr kaum noch hörbar sind, erzeugen sie Bodenwellen, die in über 30 km Entfernung noch spürbar sind.

In Namibia haben die Forscher Elefanten beobachtet, die dem Regen entgegengelaufen, der im 160 km weit entfernten Angola niedergeht. Die Biologin Caitlin O'Connell-Rodwell von der Stanford Universität vermutet, dass diese Elefanten die Donnerschläge in Angola über Bodenwellen wahrnehmen. Die Forscherin geht davon aus, dass die Tiere die feinen Erschütterungen über ihre Füsse wahrnehmen. Diese Vibrationen leiten die Tiere entweder über das Skelett an das Innenohr weiter. Eine andere Vermutung geht davon aus, dass die Elefanten direkt in den Füssen vibrationsempfindliche Organe tragen.

(aus: Brockhaus – der Kalender für clevere Kids)

«ICH WILL TIERARZT WERDEN.»

Karl Schermann   Zum Beispiel Mirna (11) aus Kampung Naga

Indonesien besteht aus über 17 000 Inseln, weit verteilt im Indischen Ozean. Mehr als 200 Millionen Menschen leben auf diesen Inseln. Es sind ganz unterschiedliche Völker, die über 250 verschiedene Sprachen sprechen.

    Auf einer dieser Inseln, auf 2000 Metern über Meer, liegt ein kleines Bergdorf mit dem schönen Namen Kampung Naga. Am Ende der Strasse, in einem mit Palmenblättern bedeckten Holzhaus, wohnt der elfjährige Mirna. Wir sind bei ihm eingeladen; sein Vater Pak stellt uns die Familie vor und bittet uns zum Tee.

Mirna setzt sich zu uns. Während wir von den Reisplätzchen naschen und am Teeglas nippen, legt sich seine Zurückhaltung, und er beginnt, uns von seinem noch jungen Leben und von den Stufen der Hoffnung zu erzählen. Sechs Tage in der Woche zieht er um sieben Uhr seine Schuluniform an, das weisse Hemd und die rote Hose, weiss-rot wie die Flagge Indonesiens, schultert seine Bücher und macht sich auf den Weg ins Nachbardorf, wo es eine Schule gibt. 360 Stufen klettert er jeden Tag hinauf, und die Treppen sind für ihn wie eine Leiter des Erfolgs, die es zu erklimmen gilt. Mirna hat den Ehrgeiz, eines Tages dort oben bleiben zu können, nicht mehr in das Dorf zurückzumüssen, das den 105 Familien Heimat, aber nicht Hoffnung ist. Es gibt keine Elektrizität, kein fliessendes Wasser, waschen kann man sich nur in einem winzigen Bambushäuschen, das als öffentliche Badeanstalt über dem Dorfweiher errichtet wurde. Und alle können zusehen, wer wann auf die Toilette geht.

Mirna will ein Doktor für Tiere werden, und der Elfjährige weiss: Das schafft er nur, indem er sich bildet. Lesen und Mathematik sind seine Lieblingsfächer, und die Schultasche ist sein einziger echter Besitz. Mirna hat kein Fahrrad, keinen Fussball, kein Spielzeug, er hat nur zwei Hosen, drei Hemden, die Schuluniform, seine Bücher und vier Gänse. Vater Pak hat den lebenden Familienschatz unter seinen Kindern aufgeteilt: Der achtzehnjährigen Dede gehören die sieben Hühner, der zwanzigjährigen Eti die drei Ziegen und Mirna eben die Gänse. Und Mama Één und Papa Pak haben das einen halben Hektar grosse Reisfeld, das die Familie hauptsächlich ernährt, unter sich aufgeteilt.

Asum, dem mit fünfundzwanzig Jahren ältesten Sohn, gehört nichts mehr. Er ist schon weggezogen und arbeitet als Busfahrer in Garut.

Auch Eti wird das Dorf bald verlassen. In drei Wochen heiratet sie. Zwei Millionen Rupies wird Pak die Hochzeit seiner Tochter kosten, das sind rund 1000 Euro. So viel Geld hat der Reisbauer nicht, er wird es sich von den Nachbarn borgen müssen, und er wird auf die dreihundert Gäste vertrauen, die eingeladen sind. Sie alle werden ein paar Scheine mitbringen für den Brautvater, das ist so Tradition. Was dann noch an Schulden bleibt, wird Pak mit Reis zurückzahlen. Er wird sich auch auf fremden Feldern verdingen müssen, bis das Eheglück seiner Tochter Reiskorn für Reiskorn aufgewogen ist. Wie gut, dass er nur zwei Mädchen hat.

Während die Töchter und ihre Mutter Holz ins offene Küchenfeuer schieben, um Gemüse und Reis für das Abendessen zu kochen, zeigt uns Mirna sein Dorf und stellt uns seine Freunde vor. Wir spielen mit einer Gummikugel vor der Moschee Fussball, streifen am Fluss entlang und knien mit ihm im Reisfeld, in dem er nach der Schule seinen Eltern bei der schweren Feldarbeit helfen muss. Dann führt uns Mirna zu seinem Lieblingsplatz, einer Felsbank, versteckt zwischen wild wucherndem Farn. Von hier aus

«ICH WILL TIERARZT WERDEN.» 83

hat man den besten Blick auf den Weg, der sich vom Dorf hinauf zur Strasse windet, wo das Leben um so vieles leichter erscheint. Wo man das Brennholz nicht selbst tragen und das Wasser nicht aus einem Brunnen schöpfen muss. Wo es Strom gibt und wo man auch nach Sonnenuntergang noch ein Buch lesen kann. Hier, auf seiner Felsbank, träumt Mirna von dem Tag, an dem er es geschafft hat, Tierarzt zu werden. Er wird in einem Auto sitzen, und die Leute werden respektvoll «Herr Doktor» zu ihm sagen. Und dann wird er wie ein überdrehtes Kind die Stufen hinunter in sein Dorf hopsen, um Papa und Mama in ihrem alten Holzhaus zu besuchen. Und er wird seinen Kindern von den Stufen der Hoffnung erzählen, die ihm nicht zu steil und zu beschwerlich waren.

HARTES LOS – HARTES BROT

Jedes fünfte Mädchen geht nicht zur Schule

Genf / New York (dpa) – Anlässlich des Weltbildungstages am 8. September hat Unicef, das Kinderhilfswerk der UNO, gefordert, die Diskriminierung von Mädchen beim Schulbesuch zu beenden. Weltweit gehen rund 66 Millionen Mädchen im Primarschulalter nicht zur Schule. Insgesamt gehen Mädchen im internationalen Durchschnitt viereinhalb Jahre weniger zur Schule als Buben. Hauptursachen der Benachteiligung sind Armut, Kinderarbeit, frühe Heirat oder Schwangerschaften.

Parvana ist eines dieser Mädchen, die nicht zur Schule gehen können. Parvana lebt in Afghanistan. Sie muss helfen, den Unterhalt für die Familie zu verdienen. Dazu muss sie sich als Knabe verkleiden und auf dem Marktplatz arbeiten.

Mehr über Parvana und über das Land Afghanistan kannst du in der Geschichte «Die Sonne im Gesicht» von Deborah Ellis lesen (CD-ROM T127).

Auch hier bei uns gab es früher Kinder, die keine Schule besuchen konnten und zur Arbeit gehen mussten. Es ist noch gar nicht so lange her ...

Zum Beispiel Verdingkinder

Um 1870 gab es im Kanton Aargau 2766 Verdingkinder. Das waren Kinder aus armen Familien, die von ihren Eltern nicht ernährt werden konnten. Sie wurden als billige Arbeitskräfte auf Bauernhöfe «verdingt» oder «verkostgeldet». Die Familien wurden auseinander gerissen. Die Eltern hatten nichts zu sagen, wohin ihre Kinder kamen. So genannte «Armenerziehungsheime» suchten die Bauernhöfe aus. Die Gemeinde bezahlte den Bauern für jedes Verdingkind ein kleines Kostgeld.

Verdingkinder erlebten oft wenig Liebe, wurden ausgenutzt und geschlagen.

Zum Beispiel Fabrikkinder

Um 1817 arbeiteten allein in der Stadt Aarau etwa 250 Kinder in einer Fabrik. Sie brachen früh am Morgen auf und gingen zu Fuss zur Fabrik. Manche hatten einen kilometerlangen Weg und gingen barfuss. Sie arbeiteten bis zum Einbruch der Dunkelheit. Je nach Jahreszeit waren das bis zu 15 Stunden täglich. Viele dieser Kinder waren verwahrlost und wurden krank.

Fabrikarbeit von Kindern wurde 1877 verboten. Trotzdem arbeiteten viele Kinder nach der Schule noch weiter. Heimarbeit war nicht verboten. Auch im Garten und im Haushalt mussten die Kinder mithelfen.

Mehr über den Kinderalltag in den letzten zweihundert Jahren kannst du im Buch «Wer hat an der Uhr gedreht? – Eine Zeitreise» von Ursula Huber und Heidi Stutz nachlesen (Lehrmittelverlag des Kantons Aargau).

FERIENBÜCHER

2.4.03
Heute war ich den ganzen Tag krank. Hier eine Liste von allen Büchern und Comics, die ich gelesen habe.

Calvin und Hobbes 17 Album,
Calvin und Hobbes 12 Album,
Calvin und Hobbes 18 Album,
Calvin und Hobbes 19 Album
Titeuf 7 und das Monster im Moor.

Weil es mir langweilig war nöggelt ich an meinem Zahn rum.
Das kam dabei raus.

12.4.2003 — 2. Ferientag

8.50 Uhr
Wir suchen seit etwa einer halben Stunde unseren Hausschlüssel. Bisher konnten wir ihn nicht finden.
Lage: Nicht sehr gut.

9.50 Uhr
Schlüssel immer noch nicht gefunden. Computer von uns abgeschmiert. ☹
Lage: Nicht wahnsinnig erfreulich.

10.00 Uhr
Schlüssel in Wäscheklammernsack wiedergefunden. Computer von uns läuft wieder. ☺
Lage: ...

16.4.03

Jetzt sind wir schon wieder auf der Heimfahrt. Ich höre gerade eine CD von Avril Lavigne. Ich finde sie meega cool! Die CD gehört meiner Cousine Maria. Aber ich wünsche sie mir auf Ostern. Jetzt kommt gerade das Lied "Complicated"! Das ist meega toll!

Heute ist Lisa auf Zermatt gekommen. Leider habe ich sie nicht gesehen!

Der Tageshit:

☆ = überhaupt nicht schlimm
☆☆ = man überlebts
☆☆☆ = wäh
☆☆☆☆ = ich glaub, ich sterbe!

Heute als wir uns umgezogen hatten, hat es im Zimmer nach Käse gestunken wie die Pest! Maria, Moritz und ich haben unsere Sachen schnell auf den Balkon rausgebracht!!!
☆☆☆

 Diese Ferienbücher sind in einer 5. Klasse in Baden entstanden. Die Kinder haben die Bücher in der Schule selber gebunden und in den Ferien als Tagebücher benutzt.
Die Anleitung, wie du ein solches Buch selber herstellen kannst, findest du auf der CD-ROM (T119).

FERIENZEIT – REISEZEIT

Wenn Herr und Frau Schweizer verreisen

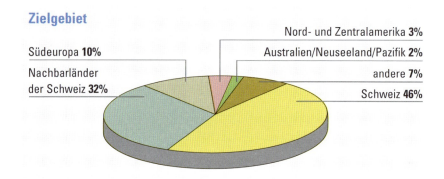

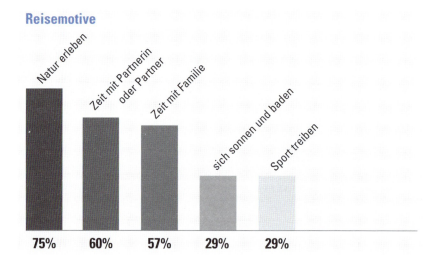

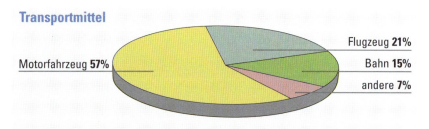

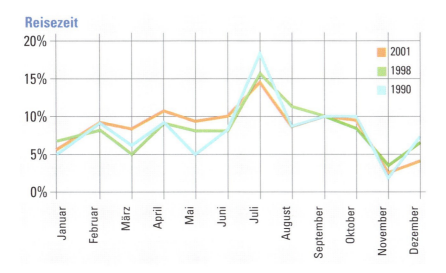

DER ABSCHIED

Franz Hohler

SIE: *(am Fenster des Zuges)* Tschau, Schatz!
ER: *(auf dem Perron)* Tschau, Schatz! Und machs gut in deiner Kurswoche.
SIE: Ich werds versuchen.
ER: Hoffentlich machts auch Spass.
SIE: Bestimmt. Und du machs auch gut zuhause.
ER: Ich werds versuchen. Achtung, jetzt fährt er dann gleich ab.
SIE: Und hoffentlich machts auch Spass.
ER: Bestimmt. Eigentlich ist er schon eine Minute zu spät.
SIE: Was hat er bloss?
ER: Das Signal steht schon lang auf Grün.
SIE: Vielleicht wartet er noch auf einen andern Zug.
ER: Ich versteh das nicht.
SIE: Oh, jetzt fährt er.
ER: War ja auch Zeit.
SIE: Tschau, Schatz! Und vergiss die Palme nicht zu giessen im Treppenhaus!
ER: Sicher nicht! Tschau, tschau!
SIE: Aber nur zweimal in der Woche!
ER: Hast du dein Halbtax?
SIE: Und die Kehrichtabfuhr kommt am Freitag!
ER: Wann muss Jonas zum Zahnarzt?
SIE: Die Nummer des Hotels klebt am Kühlschrank!
ER: Hast du das Handy dabei?
SIE: Nächste Woche ist Kleidersammlung!
ER: Wann ist Waschtag?
SIE: Am Mittwoch wird Tante Rosina sechzig!
ER: Ruf an, wenn du dort bist!
SIE: Nein, am Donnerstag!
ER: Ich wasche, wann ich will!
SIE: Denk ans Meerschweinchen!
ER: Gute Reise!

GRÜSSE AUS ALLER WELT

Corinne Bromundt

URLAUBSFAHRT

Hans Adolf Halbey

frühgeweckt gefrühstückt raus
winke winke schlüssel haus
autobahnen autoschlange
kinderplappern mama bange
koffer koffer kindertragen
flaschen taschen puppenwagen
papa mama koffer kinder
autokarte notlichtblinker
schlange kriechen sonne heiss
stinken staub benzin und schweiss
stockung hunger mama brote
papa skatspiel radio tote
schlafen schimpfen hupen schwitzen
weiterfahren weitersitzen
müde mitternacht hotel pension
tausenddreissig schlafen schon

COOL AM POOL

aus: «Cool am Pool», Ellermann Verlag

Doris Meissner-Johannknecht

Eigentlich findet Benno Kaiser die Ferien in diesem Club am Meer eher langweilig. Die Eltern wollen Ruhe, und seine ältere Schwester ist mit andern Jugendlichen dauernd irgendwo unterwegs. Aber unverhofft lernt Benno ein Mädchen kennen, das im Bungalow gegenüber wohnt. Sie heisst Brenda, hat ein tolles Fahrrad, und sie lässt Benno nicht mehr ruhig schlafen.

Tja, und was mach ich mit dem Tag?
Harry Potter lockt mich immer noch nicht.
Aber dafür gibt es was anderes, was mich lockt.
Ich wüsste gerne, wer diese Brenda ist.
Ihr Fahrrad jedenfalls war ziemlich klasse.
Und es sieht ganz so aus, als wär sie ungefähr so gross wie ich.
Hundertundfünfzig Zentimeter.
Der Fall ist ziemlich einfach.
Ich weiss, wo sie wohnt.
Also such ich mir jetzt ein gemütliches Plätzchen in ihrer Nähe.
Übernächste Tür rechts.
Ich setze mich auf die Wiese, lehne mich an die Aussenmauer des Innenhofs und warte.
Ich warte auf Brenda.
Ich warte lange.
So lange, bis die Sonne unbarmherzig auf meinen Schädel knallt.
So lange, bis ich nicht mehr glaube, dass es eine Brenda gibt.
Hinter der Mauer rührt sich nämlich nichts.
Ich überlege, soll ich mir meine Baseballkappe holen?
Um mein Hirn zu schützen?

Einerseits würde ich damit vielleicht mein Leben retten.
Andererseits würde ich sie vielleicht verpassen.
Wenn sie gerade jetzt aus dem Haus gehen sollte
zum Beispiel …
Nein, das darf nicht passieren.
Durchhalten, Benno!
Auch wenn mir langsam schon ganz übel wird.
Und ich kann nicht mal mehr sagen, ist es die Sonne
oder der Hunger?
Oder doch eher der Durst?
Die Sonne wandert nach Westen.
Gleich verschwindet sie hinter einer dicken Kastanie.
Endlich Schatten!

Und dann bin ich wohl eingeschlafen.
Die Sonne ist weg.
Und mir ist kalt.
Wo bin ich?
«Sitz, Bobby!»
Eine Stimme.
Direkt hinter mir.
Eine Stimme aus dem Innenhof …
Brenda?
«Sitz, Bobby!»
Dann Stille.
Ab und zu ein klackendes Geräusch.
So, als wär ein Ball auf die Steinfliesen getickt.
Ewigkeiten immer nur dieses eine Geräusch.
Ich bewege meine eingeschlafenen Knochen.
Erhebe mich vorsichtig, schleiche zum Eingang des
Innenhofs, halte die Luft an … und sehe.
Bobby liegt auf der Fussmatte vor der Wohnungstür.
Er scheint zu schlafen.
Und zwei Meter neben ihm … da seh ich sie!
Brenda!

Einsfünfzig gross, so gross wie ich.
Und: wunderschön!
So schön, dass ich nicht aufhören kann sie anzustarren.
Sie erinnert mich an Eva-Lotte, an die Freundin
von Kalle.
Kalle Blomquist, den Meisterdetektiv.
Nicht so spindeldürr wie Benno Kaiser.
Nein.
Irgendwie kräftig, aber überhaupt nicht dick.
Und ihr Blick!
Der ist ziemlich wahnsinnig.
Sie starrt voll konzentriert auf ihre Bälle, die vier
kleinen Bälle, die sie in unglaublicher Geschwindigkeit
und Sicherheit in den Himmel wirft und wieder auffängt.
Grün, rot, gelb und blau. Einfach umwerfend.
Ich schaff gerade mal zwei.
Ich kann nicht aufhören sie anzuschauen.
Blonde Haare, eine Stupsnase mit dicken Sommersprossen …
Da macht es «plop» und der rote Ball knallt auf die Steine,
rollt davon und rollt direkt vor meine Füsse.
Ich heb ihn auf.
Unsere Blicke treffen sich.
Für einen kurzen Moment nur.
Denn sie hört nicht auf, die Bälle in den Himmel
zu werfen.
Blaue Augen. Dunkelblau. Das ist mir nicht entgangen.
Ich werde knallrot.
Ein neuer Blick von ihr.
Dann ein kurzes Nicken.
Ich werfe ihr den Ball zu.
Unglaublich.
Sie fängt ihn auf.
Und jongliert weiter, immer weiter … ich muss
ziemlich lange warten, bis ein neuer Ball
auf den Boden fällt.

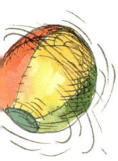

Und wieder heb ich ihn auf.
Und wieder warte ich auf das kurze Nicken.
Und wieder werfe ich ihr den Ball zu.
Perfekt!
Wir sind ein gutes Team, denke ich.
Da sagt sie:
«Jetzt einen Ring!»
Erst jetzt entdecke ich einen Korb. Und in dem liegt die Grundausstattung für einen Zirkus. Ein Clownkostüm. Jede Menge Keulen, Stäbe, Bälle, Tücher und Ringe.
Meine Hände zittern.
Sie nickt mir zu.
Ich werfe ihr einen roten Ring zu.
Sie wirft mir den roten Ball zu.
Den werf ich in den Korb.
Perfekt!
Nach einer Weile sagt sie:
«Den nächsten Ring!»
Und so geht es weiter, bis sie alle vier Ringe in die Höhe wirft.
Leicht und locker. Und mir ist schwindlig.
Vor lauter Aufregung.
Weil ich meinen Einsatz nicht verpassen darf.
Dann, wenn ein Teil auf dem Boden landet.
Irgendwann, ganz plötzlich, hat sie genug.
Sie wirft einen Ring nach dem anderen in den Korb.
«Schluss für heute!», sagt sie.
Dann kommt sie auf mich zu.
Leicht und locker. Und selbstbewusst.
Und ich würde am liebsten im Boden versinken.
Aber sie gibt mir keine Chance.
Sie reicht mir ihre Hand und sagt:
«Ich könnte gut einen Assistenten gebrauchen.
Übermorgen. Bei der grossen Show.
Willst du?»

Ich hasse diese Shows. Mit den albernen Sketchen.
Nie im Leben wollte ich an so einer Show teilnehmen.
Niemals! Für kein Geld der Welt würde mich jemals
jemand auf so eine Bühne locken.
Nicht mal für 'ne Million!
Aber sie lässt meine Hand nicht los.
Und als ich meinen Kopf vorsichtig hebe und in ihre Augen schaue,
in dieses absolut wahnsinnige Dunkelblau,
da sagt eine Stimme «Ja!»
Und diese Stimme ist wohl von mir.
Benno Kaiser steht irgendwie neben sich.
Wartet auf ein Wunder.
Auf eine Erlösung aus diesem seltsamen Zustand.
Aber selbst Bobby lässt mich im Stich.
Hört mein inneres Schreien nicht.
Diese Brenda hat mich verhext!
Wo ist die Rettung?
Da! Mein Name?
«Benno?»
Meine Schwester Kiki! Diese Schwester ist einfach
klasse. Taucht im absolut richtigen Moment auf.
Und der Rest der Familie gleich dazu!
Ich bin gerettet!
Ich trenne mich von dieser wunderbaren Hand und
befreie mich von der Hexerei.
«Bis später!», sage ich.
Und ich hab keine Ahnung, was das heisst!

An diesem Tag hab ich Brenda nicht wieder gesehen!
Leider nicht!

Bettina Weiher

*Morgens ess ich nichts, weil ich an dich denke.
Mittags ess ich nichts, weil ich an dich denke.
Abends ess ich nichts, weil ich an dich denke.
Nachts schlafe ich nicht, weil ich hungrig bin.*

Liebe

98

EIN E-MAIL FÜR CLAUDIO

Anita Siegfried

Zwischen dem 14. März und dem 1. April schreibt Linda fast jeden Tag in ihr Tagebuch. Meistens handelt es sich um das gleiche Thema: Claudio.

> Sonntag, 16. März
> Heute Nachmittag bin ich lange mit Wanja spazieren gegangen. Ich bin auch am Haus von Claudio vorbeispaziert. Da war niemand, aber als ich dann dem Waldrand entlanggegangen bin, habe ich ihn von weitem auf dem Fahrrad gesehen. Ich bin bestimmt rot geworden, zum Glück hat er mich nicht bemerkt. Und, liebes Tagebuch, weisst du was? Beni hat Mama gefragt, ob er morgen zwei Kollegen zum Mittagessen nachhause bringen dürfe, sie müssten zusammen etwas für die Schule vorbereiten. Ich habe ganz beiläufig gefragt, wer es denn sei, und er hat gesagt: Marc und Claudio. Mir ist beinahe das Herz stehen geblieben. Die Vorstellung, dass er morgen bei uns am Tisch sitzen wird, macht mich ganz schwindlig!

Mittwoch, 19. März
Keine Zeit zum Schreiben,
ich muss den Aufsatz korrigieren,
hatte eine 4,5. Aber ich weiss jetzt,
was ich machen werde. Ich werde
Claudio ein E-Mail schicken.
Seine Adresse habe ich in
Benis Datei gefunden. Nur: Was
soll ich ihm schreiben? WAS?
Vielleicht ein Gedicht?

Mittwoch, 26 März
Liebes Tagebuch. Heute Nachmittag
ist Claudio an mir vorbeigefahren,
mit dem Fahrrad, und wer ist
neben ihm her geradelt?
Die Andrea. Ich wäre am liebsten
im Boden versunken. Jetzt ist
alles im Eimer.

Die andern Tagebucheinträge von Linda findest du auf der CD-ROM (T134).
Übrigens: Auch Oskar hat ein Tagebuch: Es ist seine «Geheimdatei» auf dem Computer. Auch er hat in letzter Zeit viel zu schreiben ... (CD-ROM T115).

STRENG GEHEIM

Regula Wenzinger

Seit Jahrtausenden zerbrechen sich Spione und Verschwörer die Köpfe: Wie können wir wichtige Nachrichten so verschlüsseln, dass sie nur Eingeweihte verstehen? Wie finden wir die perfekte Geheimschrift? Ein Beispiel für eine bewährte Geheimschrift ist die Polybius-Tafel.

FNETUEFHEAFET 14
I DSDDNELRUSIE5?

Der griechische Schriftsteller und Historiker Polybius wurde um das Jahr 200 vor Christus geboren. Er grübelte gern über Verschlüsselungen nach. Deshalb trägt dieses System bis heute seinen Namen. Gefangene des russischen Zaren benutzten im letzten Jahrhundert übrigens die Polybius-Tafel, um sich mit Klopfzeichen durch die Wände ihrer Zellen zu verständigen.

Du brauchst:
Kariertes Papier, einen Stift, ein Lineal

1.
Zeichne auf das Papier ein Quadrat mit einer Kantenlänge von etwa fünf Zentimetern.

2.
Jetzt unterteilst du das Quadrat in 25 kleinere Felder; also in fünf Zeilen und fünf Spalten.

3.

Schreibe nun die Buchstaben des Alphabets in die Kästchen (wie auf dem Bild); I und J müssen sich ein Feld teilen.

	1	2	3	4	5
1	A	B	C	D	E
2	F	G	H	I/J	K
3	L	M	N	O	P
4	Q	R	S	T	U
5	V	W	X	Y	Z

4.

Nummeriere die Spalten (oben) und Zeilen (links) von 1 bis 5.

5.

Jeder Buchstabe entspricht jetzt einem Zahlenpaar. Wenn du ein A verschlüsseln willst, suchst du zuerst links die entsprechende Zahl neben dem Buchstaben, dann die Zahl darüber. Aus A wird so 11, aus B wird 12, aus T 44. «Mitternacht» hat also die Zahlenkombination 32 24 44 44 15 42 33 11 13 23 44.

Auch Julius Cäsar, der römische Kaiser, hat eine Möglichkeit gekannt, verschlüsselte Botschaften weiterzugeben. Diese und weitere Geheimschriften findest du auf der CD-ROM (T130).

DIE WANZE

Paul Shipton 📖 *aus: «Die Wanze. Ein Insektenkrimi», Fischer Taschenbuch Verlag*

Die Sonne verzog sich angewidert hinter dem Horizont. Ich wusste genau, wie sie sich fühlte. Hinter mir lag ein langer Tag und er war noch nicht vorüber. Ich hatte das Gefühl, den ganzen Garten zehnmal hintereinander abgegrast zu haben. Meine Beine schmerzten – alle sechs – und langsam hatte ich diesen Fall gründlich satt. Ich wollte mich nur noch unter den nächstbesten Stein verkriechen. Aber es gibt gewisse Dinge, die ein Insekt eben tun muss – besonders dann, wenn es dafür bezahlt wird.

Ich heisse Muldoon, Wanze Muldoon. Ich bin Schnüffler – Privatdetektiv, wenn ihr es genau wissen wollt. Nicht nur der beste Schnüffler im gesamten Garten, sondern auch der billigste. Jedenfalls der einzige Schnüffler im Garten, den man anheuern kann. Genauer gesagt, der einzige, der noch lebt.

Ich bearbeitete den Fall eines vermissten Insekts. Was nichts Besonderes war, aber wer in meiner Branche arbeitet, kann nicht immer wählerisch sein. Jemand muss schliesslich die Miete zusammenkratzen. (…)

Muldoon ist auf der Suche nach Eddie, dem Ohrgrübler, der seit der vergangenen Nacht vermisst wird. Bei seinen Nachforschungen wird ihm klar, dass den Insekten grosse Gefahr droht. Das Wespenvolk plant zusammen mit einer Gruppe Ameisen einen Umsturz.

Die Ameise Clarissa unterstützt Muldoon bei seinen Ermittlungen. Um ihr weiteres Vorgehen zu besprechen, haben sie sich beim Teich im Garten verabredet.

(…) Der Zeitpunkt unserer Verabredung kam und ging. Fünf Minuten verstrichen, zehn, und keine Spur von Clarissa. Ich wurde unruhig. Vielleicht hatte sie nicht wirklich vorgehabt zu kommen?

Vielleicht hatte sie mich einfach nur abwimmeln wollen.

Doch dann ertönte hinter mir ein lautes Geräusch. Ich wandte mich um, um Clarissa zu begrüssen, nur war von ihr nichts zu sehen. Ich sah gar nichts. Noch während ich mich umdrehte, erhielt ich einen Schlag auf den Kopf und meine Welt versank in Dunkelheit, so schwarz wie eine mondlose Nacht.

Als ich wieder zu mir kam, fand ich mich nicht in der bequemsten aller Lagen wieder. Zum einen war oben und unten vertauscht, ich lag auf dem Rücken, meine sechs Beine ruderten hilflos in der Luft. Zum anderen trieb ich auf Wasser. Der Teich. Ich war in den Teich geworfen und für tot gehalten worden.

Na gut, dann trieb ich eben hilflos auf dem Rücken liegend über den Teich. Ich hatte Schlimmeres erlebt, es bestand kein Grund zur Sorge.

Doch dann spürte ich die Druckwelle einer Bewegung, als etwas im Wasser unter mir daherschwamm – etwas Grosses – und *jetzt* begann ich, mir Sorgen zu machen.

Normalerweise halte ich mich vom Teich fern – für Wasser habe ich ungefähr so viel übrig wie eine Fliege für Tarantlen –, doch selbst ich hatte die Geschichten über den Karpfen gehört. Man munkelte von diesem Fisch, dass er riesig sei und als widerlicher Tyrann über den Teich herrschte. Er frass kleinere Fische, er frass Fliegen und Käfer, die auf der Wasseroberfläche landeten … nach allem, was ich wusste, gab es eigentlich nichts, was er nicht frass.

Ich verdrehte den Kopf und sah hinab in das trübe Wasser. In der tintigen Schwärze war nichts zu sehen. Doch dann füllte etwas die Schwärze aus. Es war der Karpfen! Er schwamm am Grund des Teichs entlang. Sein fetter Körper war golden und weiss gefleckt. Er sah hungrig aus.

Bisher hatte er mich noch nicht bemerkt, doch das war nur eine Frage der Zeit. Ich hatte das Gefühl, als leuchteten Neonbuchstaben auf meinem Panzer: ABENDESSEN – KOMM UND HOL MICH! Es war kein Gefühl, das ich sonderlich mochte. Irgendwann muss jeder von der Bühne abtreten, aber nie hatte ich daran gedacht, einmal als Fischfutter zu enden.

Ich versuchte, mich in Brustlage zu bringen, um wenigstens in Sicherheit schwimmen zu können. Vergeblich. Meine Beine wirbelten lediglich durch dünne Luft.

Ich sah zurück ins Wasser. Wieder war nichts zu sehen. *Wohin war er verschwunden? Vielleicht sah er mich nicht?* Plötzlich kam der Karpfen in mein Blickfeld und er schoss direkt auf mich zu. Seine dummen Fischaugen fixierten mich und sein lederiges Fischmaul war aufgerissen, bereit zum Fressen. Ich würde endgültig die Platte putzen – aus die Maus! Ich hab nie grossartig darüber nachgedacht, was nach dem Tod kommen mag, doch als dieser Karpfen mir entgegenjagte, flackerte die Frage in mir auf. Ich wappnete mich für das Ende.

Doch das Ende blieb aus. Ich fühlte, wie sich ein Gewicht von oben auf mich herabsenkte, und plötzlich war der Karpfen ein Stück weiter entfernt. Ich hob den Kopf, um zu sehen, was geschah. Es war Jake, die Stubenfliege! Er war auf mir gelandet und jetzt flog er los, als ginge es ums nackte Überleben. Was es ja auch tat. Seine Flügel drehten sirrend durch. Er war nicht stark genug, mich aus dem Wasser zu heben, also schob er mich über die Wasseroberfläche, als wäre ich ein Boot und er selbst der Motor.

Ich blickte zurück ins Wasser des Teichs. Der Karpfen hatte nicht vor, sich um sein Abendessen bringen zu lassen. Er legte an Geschwindigkeit zu, mit entschlossen rudernder Schwanzflosse. Jetzt war er wieder nahe. Ich hatte einen wunderbaren Ausblick auf seine Gaumenplatten, die gnadenlos gepflegt aussahen.

«Schnell», schrie ich Jake zu. «Du musst die Richtung wechseln!»

· Eddie ·   · der Karpfen ·   · Clarissa ·

Jake beschrieb eine haarscharfe Rechtskurve, gefolgt von einem Linksschlenker. Ich hab keine Ahnung, ob es Zufall oder Können war, doch es war das perfekte Manöver. Er schoss im Zickzack über den Teich hinweg und drehte einen Slalom um ein paar Seerosenblätter. Er machte es genau richtig, und mit Erleichterung sah ich, wie der Karpfen immer weiter zurückfiel, bis seine hässliche Visage endlich in den Tiefen des Wassers verschwand. Es wurde auch höchste Zeit – Jake wurde langsamer. Das Sirren klang müde. Schliesslich schob Jake mich auf den Teichrand zu. Wir klotzten direkt dagegen, und die Wucht des Aufpralls schleuderte mich in die Bauchlage. Ich taumelte über einen der Pflastersteine, die den Teich einrahmen. Es tat gut, wieder auf den Beinen zu stehen, und noch besser, wieder trockenes Land unter den Füssen zu haben.

Ich sah Jake an: Die Stubenfliege keuchte heftig und zitterte wie Espenlaub. Er sah aus, als könne er selbst nicht glauben, was er eben vollbracht hatte. Niemand hätte Jake je für einen Helden gehalten, Jake am allerwenigsten von allen.

«Jake, mein Freund», lächelte ich. «Ich schulde dir einen lebenslangen Vorrat an Rohrzucker.»

Jake schüttelte sich nur und zitterte. (…)

Nach dieser Rettungsaktion muss sich Muldoon erst einmal erholen. Wenn du wissen willst, wie die Geschichte weitergeht, lies weiter auf der CD-ROM (T131).

AUF DEM DACH DER WELT

Die Bergführerin Evelyne Binsack hat als erste Schweizerin den höchsten Berg der Welt, den Mount Everest, bestiegen. Am selben Tag stand auch der Bergführer und Fotograf Robert Bösch auf dem Everest.

Das lange Warten hat sich gelohnt, die Prognosen waren richtig, die Erwartungen haben sich erfüllt: Nach langer Schlechtwetterperiode hat sich am höchsten Berg der Welt, dem Mount Everest (8850 m. ü. M.), endlich das «Fenster» der guten Bedingungen geöffnet. Etwa 70 Bergsteiger und Bergsteigerinnen haben die Phase des guten Wetters nutzen können und zwischen Dienstag und Donnerstag den Gipfel erreicht; darunter auch die Schweizer Bergführerin Evelyne Binsack (34) und der Schweizer Bergführer und Fotograf Robert Bösch (46). Sie nahmen an einer internationalen Expedition des Neuseeländers Russel Brice teil. Bösch und Binsack erreichten den Gipfel am Mittwoch über die Nordroute; für de‹ letzten Teil des Aufstiegs verwe‹ Flaschensauerstoff. Die be‹ noch am selben Tag geschobene Bas‹ camp, ABC Mit‹

das Basislager auf 5200 m. Die folgenden Wochen galten, unterstützt vor allem durch Sherpas, dem Aufbau der Hochlager und dem Transport von Material und Verpflegung in die Lager sowie natürlich der Akklimatisierung. Beide verbrachten mehrere Nächte in grosser Höhe, ehe sie wieder zum vorgeschobenen Basislager abstiegen, um sich zu erholen und auf gute Bedingungen zu warten. Diese zeigten sich – nach mehreren Tagen mit viel Schnee – für diese Woche an. Am Sonntag starteten sie vom «ABC», benutzten nicht alle Lager, ruhten noch‹ mal auf 8300 m (von «schla‹ in solchen Höhen kaum m‹) und erreichten am ‹el. Für Evelyne Binsack ‹tausender. Robert Broad Peak bestie- ‹erest auf 8300 m ‹kehrt.

‹d-, auch auf der ‹en sich meh- waren in ‹teiger und ‹n Alpinist, ‹ns Leben ‹son ‹e» an- ‹aar

Sch‹
Wel‹
Schw‹
untern‹
Jahr 19‹
stieg die ‹
Mai 1975
39. Besteig‹
Insgesamt ist
Erstbesteigung‹
Sherpa Tenzing
Hillary rund 120

Evelyne Binsa‹
sind Anfang April z‹
reist; nach etwa einer

HOCH HINAUS

Interview mit Evelyne Binsack
Kinder aus der 5. Klasse Waltenschwil stellen Evelyne Binsack Fragen.

| Wann haben Sie mit dem Bergsteigen angefangen und warum?

Meine erste Skitour erlebte ich 1984, irgendwann im Hochwinter. Ich traf an einem Samstagabend einen Kollegen an. Er fragte mich spontan, ob ich Lust hätte, mit ihm und seinen Freunden auf eine Skitour zu gehen. Ich ging mit, und von da an liessen mich die Berge nicht mehr los.

| Wie viele Berge haben Sie schon bestiegen?

Ich habe nie Buch geführt über meine Bergbesteigungen. Ich wüsste nicht, wie ich diese heute, im Nachhinein, zählen könnte. Aber es sind sehr, sehr viele.

| Warum wollten Sie unbedingt den Mount Everest besteigen?

Die Idee, einmal auf dem höchsten Berg der Erde zu stehen, hatte ich vermutlich, als ich etwa zwanzig Jahre alt war. Wen lockte es nicht, einmal auf dem höchsten Berg der Erde zu stehen? Damals hatte ich aber nicht genügend Geld dafür und auch nicht die Möglichkeit, Sponsoren anzufragen. Darum wurde dieses Ziel erst etwa fünfzehn Jahre später realisierbar.

Wie haben Sie sich auf diese Expedition vorbereitet?

Mit Bergläufen, Skitouren, Krafttraining, Bergtouren, mit Mountainbiken, Joggen und Klettern. Und mit dem Lesen von Büchern, um mehr über den Berg zu erfahren.

Wie sah Ihre Ausrüstung aus? Wie schwer war sie?

Alles zusammen wog etwa fünfzig Kilogramm: Daunenhose, Daunenjacke, drei verschiedene Expeditionsbergschuhe, Trekkingschuhe, Ersatznahrung und Medikamente, Daunenschlafsack und Matte, Zelt, Kleider, Brillen, Pickel, Steigeisen, Handschuhe, Mützen, Bücher, Schreibzeug, Landkarten, Toilettenartikel, Nahrungsmittel.

Was für Proviant haben Sie auf den Mount Everest mitgenommen?

Schinken, Käse, Biscuits, Energieriegel und Nudelsuppe.

Wie lange brauchten Sie, bis Sie auf dem Mount Everest waren?

Die Expedition dauerte zwei Monate.

Hatten Sie Atemprobleme?

Ich hatte sogar grosse Atemprobleme. Ab 8000 m habe ich das Sauerstoffgerät benützt, dann ging es mir, der Höhe entsprechend, gut.

Wie lange standen Sie auf dem Dach der Welt? Haben Sie dort ein Andenken zurückgelassen?

Ich wartete etwa anderthalb Stunden auf meinen Bergsteigerkollegen Robert Bösch, den ich dann aber erst im Abstieg wieder antraf. Wir wünschten uns gegenseitig Glück. Er stand dann eine

Stunde später auch auf dem Gipfel. Ein Andenken habe ich nicht hinterlassen; es hat schon genügend Gegenstände und Abfall auf der Route.

Wie haben Sie sich gefühlt, als Sie auf dem Mount Everest standen?

Ich war glücklich, meinen Traum verwirklicht zu haben. Es war ein ehrfürchtiger Moment, auf diesem hohen Berg zu stehen. Gleichzeitig hatte ich auch Respekt vor dem bevorstehenden Abstieg.

Welche Ziele möchten Sie noch erreichen?

Ich würde gerne im Hohen Atlas noch unbeschwert bergsteigen können. Und sicher gibt es viele ferne Länder, die ich noch bereisen möchte. Aber das allergrösste Ziel im Leben wäre es, eines Tages auf ein unbeschwertes Leben, auf viele gute Taten, auf ein tägliches Lächeln zurückzuschauen.

Frau Binsack, herzlichen Dank
für das Interview und alles Gute
für Ihre weiteren Unternehmungen!

| **Name:** Evelyne Binsack |
| **Wohnort:** Beatenberg (BE) |
| **Geburtsdatum:** 17. Mai 1967 |
| **Zivilstand:** ledig |
| **Grösse:** 177 cm |
| **Gewicht:** 62 kg |
| **Beruf:** Bergführerin und Helikopterpilotin |

ERSTBESTEIGUNGEN (AUSWAHL)

Berg	Land	Höhe über Meer	Jahr	bestiegen durch
Aconcagua	Argentinien	6958 m	1897	M. Zurbriggen
Annapurna	Nepal	8091 m	1950	M. Herzog und L. Lachenal
Broad Peak	Pakistan	8047 m	1957	H. Buhl und andere
Dhaulagiri	Nepal	8167 m	1960	K. Diemberger und andere
Eiger	Schweiz	3970 m	1858	C. Barrington und andere
K2	Pakistan	8610 m	1954	A. Compagnoni und L. Lacedelli
Kilimandscharo	Tansania	5895 m	1889	Hans Meyer und l. Purtscheller
Jungfrau	Schweiz	4158 m	1811	H. und J.R. Meyer und andere
Lhotse	Nepal/China	8516 m	1956	F. Luchsinger und E. Reiss
Matterhorn	Schweiz/Italien	4478 m	1865	E. Whymper und andere
Mont-Blanc	Frankreich	4807 m	1786	J. Balmat und M. Paccard
Mount Everest	Nepal/China	8861 m	1953	E. Hillary und Tenzing Norgay
Mount McKinley	USA (Alaska)	6194 m	1913	H. Struck und andere

Alle Gipfel, die höher als 7000 Meter über Meer sind, liegen in Asien im Gebiet von Pakistan, Nepal und China.

Willst du mehr wissen über die Verhältnisse in grosser Höhe? Wie ist das mit dem Sauerstoff in der Luft? Informationen dazu findest du auf der CD-ROM:
- Auf den Mount Everest: Kein Spaziergang (T122)
- Mount Everest: Daten und Rekorde (T121).

Warum wächst der Mount Everest?

Dass der Mount Everest immer noch wächst, hängt mit seiner Geschichte zusammen: Vor vielen Jahrmillionen driftete der indische Subkontinent durch das Meer und stiess mit der asiatischen Platte zusammen. Eine sanfte Kollision, und doch bauten sich innerhalb von Jahrmillionen ungeheure Kräfte auf, die das Gebirge des Himalaja auffalteten. Man muss sich das vorstellen wie bei einem schweren Teppich, den man von zwei Seiten zusammenschiebt: In der Mitte entstehen Falten. Die Bewegung erfolgt langsam, ist aber doch beträchtlich. Der Mount Everest beispielsweise wächst jedes Jahr um einige Zentimeter in die Höhe und verschiebt sich rund 30 Zentimeter nach Westen.

(aus: Brockhaus – der Kalender für clevere Kids)

Mehr über die Entstehung von Gebirgen und Tälern findest du auf Seite 117.

EINE EXPEDITION

John Saxby

📖 *aus: «Die Abenteuer von Eduard Speck», Hanser Verlag*

Eduard Speck

Albert

Eines Tages sass Eduard Speck, das abenteuerliche Schwein, in seinem Stall und dachte an nichts Besonderes, nur an das Abendessen, da kam TT Eichkatz zu einem Schwätzchen vorbei. «Der Jammer ist», sagte er gerade, «hier auf dem Hof ist nichts los. Lauter Transusen. Keiner hat Schwung.»

Eduard hievte sich etwas hoch und grunzte beleidigt. «Ich schon.»

Da kam Albert der Ochse vorbei und schnaufte: «Tag, TT, was hat Eduard denn?»

«Ich hab nur gesagt, hier passiert nichts und keiner hat Schwung, und Eduard hat gesagt, doch, er wohl!», berichtete TT.

«Was für ein Quatsch», antwortete Albert. «Der ist doch der faulpelzigste von allen. Fressen hat er im Sinn, sonst gar nichts ...»

Da wuchtete sich Eduard langsam auf die Füsse. «Es mag euch vielleicht interessieren», sagte er, «dass ich im Begriff bin, die Leitung einer Expedition zu übernehmen – morgen.»

«Ooooh!», machte TT. «Wohin denn, Eduard?»

Eduard Speck, das flinke Schwein, dachte verzweifelt nach. Der erste Fehler war natürlich schon gewesen, überhaupt etwas zu sagen – aber aus dieser Schlinge kam er nicht wieder heraus.

«Ich ... habe vor ...», verkündete er zögernd, um Zeit zu gewinnen, «ich will ... ich werde ... ich besteige morgen den Buchenberg!»

Eine kurze Pause entstand, dann sagte Albert: «Das kann doch jeder.»

«Nicht über die schwere Route», widersprach Eduard tollkühn.

«Ach, meinst du etwa durchs Dorngebüsch? Aber wer will das schon?», fragte Albert nicht ohne Vernunft.

«Ich will es», behauptete Eduard, dem das Ganze selber wahnsinnig vorkam, der aber keinen Ausweg mehr sah.

«Wusch, Eduard», machte TT. «Können wir alle mit?»

«Jeder kann kommen», entgegnete Eduard grosszügig. «Solange er macht, was ich sage.»

«Wusch!», keckerte TT und sprang in grossen Sätzen davon, um der ganzen Hofgesellschaft brühwarm von dieser herrlichen Neuigkeit zu berichten.

TT Eichkatz

Am nächsten Morgen war es kalt und nass, doch die Tiere vom Hof tauchten trotzdem alle auf, um den Aufbruch der Expedition zu verfolgen. Die bestand aus Eduard selbst, aus TT Eichkatz, Hektor dem Hofhund, der sagte, er müsse sich ohnehin die Pfoten vertreten, und Albert dem Ochsen.

Sie wateten durch den Matsch an Eduards Stall vorbei, und die jungen Enten quakten begeistert hurra. Der Regen prasselte stetig herab, und das Gehen wurde immer beschwerlicher. Nach kurzer Zeit war Hektor weit voraus und bellte:

Hektor

«Los doch, macht schon! Ich will nicht den ganzen Tag vertrödeln!»

«Dies ist meine Expedition», sagte Eduard erbittert. «Ich bestimme, wie schnell es vorangeht.» Das Wasser rann ihm den Nacken herab, und er verwünschte seine bescheuerte Idee aus tiefstem Herzensgrund.

«Ehrlich gesagt, mir reichts», brummte Albert. «Ich glaub, ich geh jetzt lieber heim.» Und ehe Eduard Einspruch erheben konnte, liess Albert seinen Worten die Tat folgen. Ausgerechnet Albert, der ihn zu dieser Expedition gedrängelt hatte.

«Ärger dich nicht, Eduard», keckerte TT vergnügt. «Am Ende werden sich nämlich die ärgern, die nicht dabei gewesen sind.»

Eduard hatte da seine Zweifel, aber er hielt den Mund.

Jetzt wurde es steil, sie mussten klettern, und je mehr sie der Regen durchnässte, je ärger die Dornen sie zerkratzten, desto verrückter kam ihnen das ganze Unternehmen vor. Nebelstreifen umwallten sie, manchmal dicht und undurchdringlich, dann wieder wie ein Hauch und schon wieder dick wie Milchsuppe.

«Los doch!», bellte Hektor von irgendwo weit vorn, kam aber bald zurückgelaufen.

«Halt dich genau hinter mir», sagte Eduard streng, «sonst gehst du mir verloren, und ich bin daran schuld!» Er wühlte sich durch die nächste Brombeerhecke, die ihre Ranken nach ihm auszuwerfen schien, und fand sich auf der anderen Seite in einer neuen Nebelbank. «Kommt doch! Hierher!», befahl er, aber er konnte keinen mehr hören, weder Hektor noch TT. «He!», rief er.

Keine Antwort. Der Nebel wogte, der Regen trommelte. Verflixt noch mal, ganz alleine wollte er diese Expedition ganz gewiss nicht machen! Er schickte sich an, den Buchenberg wieder hinabzusteigen. An dem Busch da vorne ging es vorbei, daran konnte er sich genau erinnern. Aber rechts? Oder links? – Eduard Speck, das findige Schwein, hatte sich verirrt.

Hektor und TT hatten verfolgt, wie Eduard im Nebel verschwand. Nun kam es zu einem knappen Wortwechsel zwischen ihnen: «Lass uns umkehren», sagte Hektor.

«Gute Idee», stimmte TT zu.

Und ohne lange zu fackeln, trabten sie zum Hof zurück.

Eduard aber liess sich verzweifelt auf die Hinterschinken fallen. Es war sehr kalt, sehr nass und sehr neblig, und alles hing ihm sehr zum Halse heraus. Das nutzte nur nichts. Er musste warten,

bis sich der Nebel verzog. Aber der dachte nicht daran.

Es war schon später Nachmittag, als TT auf Hektor stiess, der gerade ausgelassen ein paar Hennen über den Hof scheuchte. «Hör zu», sagte er, «lass uns doch mal nach Eduard sehen. Der muss doch jetzt am Abstieg sein.»

«Ist gut», antwortete Hektor (und die Hennen atmeten auf). Die beiden kletterten also gemächlich den Brombeerpfad hinauf und riefen von Zeit zu Zeit Eduards Namen. Der Nebel hatte sich inzwischen etwas aufgelöst.

Eduard hörte sie wohl, denn er hatte sich den ganzen Tag lang von seinem kalten nassen Platz nicht weggerührt, weil er sich nicht noch mehr verlaufen wollte. Aber beim blossen Rumsitzen wollte er keinesfalls ertappt werden. Deshalb erhob er sich, ein wenig steif, und näherte sich gemessen den Rufern.

«Hallo Eduard», sagte TT. «Wir haben dich im Nebel verloren.»

«Das macht doch nichts», erwiderte Eduard. «Nur schade, dass ihr den herrlichen Ausblick da oben verpasst habt.»

Und für den Rest der Woche konnte man Eduard, den kühnen Forscher und Entdecker, überall vernehmen, wie er seinen Freunden von seiner grossen Expedition auf den Buchenberg berichtete.

LICHTUNG

Ernst Jandl

manche meinen
lechts und rinks
kann man nicht
velwechsern.
werch ein illtum!

GEBIRGE UND TÄLER (AUS DEM LEXIKON)

Die Erdoberfläche ist nicht überall flach. An vielen Stellen entstanden durch Bewegungen der Erdkruste Erhebungen und hohe Gebirgszüge. An anderen Orten sind Täler und Schluchten in die Erdoberfläche eingegraben. Als Gebirge bezeichnen wir steile Gesteinsmassen, die sich über 600 m hoch erheben. Dies geschieht durch die ungeheure Kraft der tektonischen Platten, die auf der Erdoberfläche driften und die auch die Eruption von Vulkanen bewirken. Es gibt einzeln stehende Berge, doch die meisten bilden grosse Gebirgsketten mit tiefen Tälern wie der Himalaja.

Faltengebirge
Wenn zwei Platten aufeinander stossen, legt sich die Erdkruste in Falten. Hält der Druck an, so entstehen mächtige Faltengebirge. Das geschieht in relativ kurzer Zeit: Die meisten grossen Faltengebirge sind weniger als 50 Mio. Jahre alt. Einige wie die Alpen und der Himalaja werden immer noch aufgefaltet.

Phasen der Auffaltung von Gebirgen:

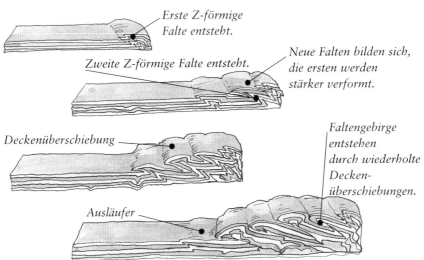

Vulkankegel

Verschiedene Lavaschichten

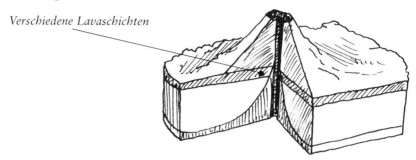

Allein stehende Bergspitzen sind meistens Vulkane. Sie sind nicht durch Faltung, sondern durch Eruptionen entstanden. Es gibt aber auch innerhalb grosser Gebirgszüge Vulkane. Dazu zählen einige der höchsten Gipfel der Erde, zum Beispiel der Aconcagua in den Anden Südamerikas.

> **Warum kommt ein Vulkan selten allein?**
>
> So genannte «Hotspots» (auf Deutsch heisse Flecken) sind heisse Stellen knapp unter der Erdoberfläche. Dort wo die Erdkruste am dünnsten ist und das Gestein darunter besonders heiss, kann ein Vulkan entstehen. Das so genannte Magma im Erdinnern steigt in grossen Blasen nach oben und schmilzt die Erdoberfläche langsam von unten her auf.
>
> Während sich nun aber die Gesteinsplatte der Erdoberfläche ganz, ganz langsam weiter bewegt, bleibt der Hotspot, der die Erdkruste aufgeschweisst hat, an Ort und Stelle.
> So entsteht im Lauf vieler Jahrmillionen eine Kette hintereinander angeordneter Vulkane. Besonders deutlich ist dies bei den Hawaii-Inseln. Auch die Kanarischen Inseln liegen wahrscheinlich über einem solchen Hotspot.
> *(aus: Brockhaus – der Kalender für clevere Kids)*

Täler

Noch während ein Gebirge entsteht, wird es auch gleichzeitig abgetragen. Durch Verwitterung (Regen, Schnee, Eis, Wind und Sonne) wird das Gestein zerkleinert. Flüsse und Gletscher kehlen tiefe Täler aus und transportieren das Lockermaterial ab.

Fliessendes Wasser führt zur Ausbildung von V- oder Kerbtälern.

Gletschereis wirkt wie ein Hobel und bildet Täler aus, die im Schnitt wie ein U aussehen: Der Talboden ist flach, die Seitenhänge sind sehr steil. U-Täler sind typisch für die Vergletscherung während der Eiszeit.

Der Fluss fliesst im Oberlauf turbulent und trägt viel Gestein ab.

Das Tal weitet sich. Der Fluss lagert lockere Massen ab.

DIE SAGE VON DER TEUFELSBRÜCKE

Volksgut

Die erste Teufelsbrücke aus dem 13. Jahrhundert wurde 1888 in einer Sturmnacht durch die hoch gehende Reuss zerstört. Damals stand aber bereits die zweite Teufelsbrücke. Sie liegt einige Meter unter der heutigen dritten Teufelsbrücke. Diese wurde 1958 erbaut.

Bereits im 15. Jahrhundert hatten die Urner immer wieder versucht, in der Schöllenenschlucht eine Brücke über die wilde Reuss zu bauen. Oft waren die Säumer mit ihren Maultieren und Waren in die Tiefe gestürzt.

Trotz vielen Versuchen wollte es ihnen nicht gelingen, eine starke Brücke zu bauen. Die Sage berichtet, dass der Landammann verzweifelt ausgerufen habe: «Soll doch der Teufel eine Brücke bauen!» Tatsächlich erschien der Teufel und machte den Urnern ein Angebot: Er werde diese Brücke bauen, aber er wolle dafür als Gegenleistung den Ersten, der die Brücke überschreite.

Die Urner gingen auf den Handel ein, und bereits drei Tage später führte eine neue, starke Brücke über die Schlucht. Auf der andern Seite der Brücke sass der Teufel und wartete.

Die Urner wussten nun nicht, wen sie als Ersten hinüberschicken wollten. Ein Bauer hatte schliesslich die rettende Idee:

Er band seinen Geissbock los und trieb ihn auf die andere Seite. «Das ist der Erste, den kannst du nun behalten!», riefen die Urner.

Der Teufel war überlistet. Rasend vor Wut ergriff er einen riesigen Felsblock und schleppte ihn zur Brücke. Er wollte sein Bauwerk wieder zerstören. Eine alte Frau, die ihm unterwegs begegnete, konnte dies verhindern. Es gelang ihr, ein Kreuz auf die Rückseite des Steins zu ritzen. Als der Teufel das Kreuz bemerkte, warf er den Felsbrocken wütend in die Tiefe. Er verfehlte jedoch sein Ziel, und der Stein landete in der Nähe des Dorfes Göschenen. Dort liegt dieser Teufelsstein nun schon seit Jahrhunderten.

Seit Jahrhunderten liegt der Teufelsstein in der Nähe des Dorfes Göschenen. 1977 wurde der 220 Tonnen schwere Brocken um 127 Meter verschoben, denn er war dem Bau der Gotthardautobahn im Weg.

 Die gleiche Sage, etwas länger und erzählt im Urner Dialekt, findest du als Text- und als Hördokument auf der CD-ROM (T109 und Audio5).

ASTRID LINDGREN

Regula Wenzinger

Die Mutter von Pippi Langstrumpf und Kalle Blomquist
Am 14. November 1907 kam Astrid Anna Emilia Ericsson in Näs in der Provinz Smaland (Schweden) zur Welt. Sie wurde als zweites von vier Geschwistern geboren und verlebte eine glückliche Kindheit auf dem Bauernhof ihrer Eltern.

Astrid Lindgren 1985

Astrid ging in Vimmerby zur Schule. Nach dem Schulabschluss arbeitete sie als Praktikantin bei einer Zeitung. 1926 zog sie nach Stockholm, der Hauptstadt Schwedens. Mit achtzehn Jahren wurde sie schwanger. Das war damals ein Skandal. Mit dem Vater ihres Kindes wollte Astrid Ericsson nicht zusammenbleiben. Deshalb verbrachte ihr Sohn Lars die ersten Lebensjahre bei Pflegeeltern, bis Astrid ihre Ausbildung als Sekretärin abgeschlossen hatte. 1931 heiratete sie Sture Lindgren. Die beiden nahmen Lars zu sich. 1934 wurde dann ihre Tochter Karin geboren.

Bereits als Kind war Astrid eine Leseratte. Wegen ihrer fantasievollen Schulaufsätze wurde sie in der Schule oft geneckt: «Du wirst sicher einmal eine Schriftstellerin, wenn du gross bist!» Doch das wollte Astrid auf gar keinen Fall!

Als Astrid Lindgren 34 Jahre alt war, erfand sie Geschichten von einem sommersprossigen Mädchen mit roten Zöpfen, Pippi Langstrumpf. Karin und ihre Freunde liebten diese Geschichten! Doch erst drei Jahre später schrieb Astrid Lindgren sie auf, aus lauter Langeweile: Sie hatte sich bei Glatteis den Fuss verstaucht und musste im Bett liegen.

Die Pippi-Geschichten schenkte Astrid Lindgren ihrer Tochter zum zehnten Geburtstag. Sie verschickte das Manuskript an verschiedene Verlage, doch die meisten wollten die Geschichten nicht drucken. Pippi war ihnen zu frech. Schliesslich fand Astrid Lindgren aber doch einen mutigen Verlag. Im Jahr 1945 wurde das Buch bei einem

Astrid Lindgrens Elternhaus mit Familie und Knechten und Mägden

Astrid Lindgren mit dem Hauptdarsteller aus «Michel in Lönneberga»

schrieb Astrid Lindgren bereits am frühen Morgen, wenn alle noch schliefen.

Viele der Bücher von Astrid Lindgren sind in verschiedene Sprachen übersetzt worden. Die Geschichten von Pippi Langstrumpf gibt es zum Beispiel in mehr als fünfzig Sprachen und sie wurden schon mehr als zehn Millionen Mal verkauft. Manche ihrer Bücher wurden auch verfilmt, so zum Beispiel die Geschichten von Michel, von Pippi Langstrumpf, den Brüdern Löwenherz und Ronja Räubertochter. Die Drehbücher für diese Filme schrieb Astrid Lindgren selbst.

Wettbewerb sogar mit dem ersten Preis ausgezeichnet.

Nach und nach entstanden neue Geschichten. Immer spielten Kinder die Hauptrolle: Meisterdetektiv Kalle Blomquist, Madita, die Kinder von Bullerbü, die Brüder Löwenherz, Ronja und Birk, Michel, Lotta und viele mehr. Oft

Im Januar 2002 ist Astrid Lindgren in Stockholm gestorben. Hinterlassen hat sie mehr als siebzig Kinder- und Jugendbücher.

Mehr über Astrid Lindgren und ihre Bücher kannst du im Internet unter www.pippilangstrumpf.de finden.

 Auf der CD-ROM findest du weitere Informationen zu ausgewählten Werken (T101) sowie ein kurzes Interview mit der Autorin (Hördokument Audio9).

DIE BRÜDER LÖWENHERZ

aus: «Die Brüder Löwenherz», Oetinger Verlag   *Astrid Lindgren*

Krümel und Jonathan

Die beiden Brüder Krümel und Jonathan wachsen ohne Vater und in ärmlichen Verhältnissen auf. Die Mutter arbeitet als Näherin. Oft arbeitet sie bis tief in die Nacht hinein und sie hat kaum Zeit, sich um die Kinder zu kümmern.

Bei einem Hausbrand rettet Jonathan seinen jüngeren Bruder aus den Flammen. Jonathan verletzt sich dabei schwer. «Weine nicht, Krümel, wir sehen uns in Nangijala wieder!», sagt er zu ihm. Jonathan stirbt, Krümel überlebt.

Krümel ist schon seit langem schwer krank. Die meiste Zeit muss er im Bett verbringen. Nach Jonathans Tod fühlt sich Krümel sehr einsam. Früher hat ihm Jonathan oft Geschichten erzählt. Krümel weiss, dass Jonathan jetzt im Land Nangijala ist. Es liegt irgendwo hinter den Sternen. «Dort wacht man nach dem Tod wieder auf», hatte Jonathan gesagt. Aus Nangijala kommen alle Märchen und Sagen und in Nangijala erlebt man von früh bis spät Abenteuer, sogar nachts.

Krümel hustet stark; er wird immer schwächer. Nur wenige Tage nach dem Tod Jonathans stirbt auch er. Tatsächlich treffen sich die beiden Brüder im Land Nangijala wieder, genauer gesagt im Kirschtal. Krümel kann kaum glauben, was dort mit ihm geschieht …

Wiedersehen in Nangijala

Dort unten auf der Brücke sass Jonathan. Mein Bruder, er sass dort, sein Haar leuchtete im Sonnenschein, und auch wenn ich es hier zu erzählen versuche, so lässt sich doch nicht beschreiben, welch ein Gefühl es war, ihn wieder zu sehen.

Er hörte mich nicht kommen. Ich versuchte «Jonathan» zu rufen, weinte aber wohl, denn ich brachte nur einen leisen, komischen Laut hervor. Jonathan hörte mich trotzdem. Er blickte hoch. Zunächst schien es, als erkenne er mich nicht wieder. Doch dann schrie er auf, warf die Angel ins Gras, stürzte auf mich zu und packte mich, als wolle er sich vergewissern, dass ich wirklich gekommen war. Und da weinte ich nur noch ein bisschen. Warum sollte ich denn noch weinen? Ich hatte mich ja nur so sehr nach ihm gesehnt.

Doch Jonathan lachte und wir standen dort auf der Uferböschung und hielten uns umschlungen und freuten uns darüber, dass wir wieder zusammen waren, mehr, als ich sagen kann.

Und dann sagte Jonathan: «Na also, Krümel Löwenherz, jetzt bist du endlich da!»

Krümel Löwenherz, das klang wirklich komisch, wir kicherten beide darüber. Und dann lachten wir und lachten immer mehr, als wäre es das Lustigste, das wir je gehört hatten. Dabei war es wohl nur so, dass wir etwas zum Lachen brauchten, weil es vor Freude in uns blubberte. Und während wir noch lachten, fingen wir an miteinander zu rangeln, hörten dabei aber nicht auf zu lachen. Nein, wir lachten so, dass wir ins Gras fielen und uns kugelten und immer noch mehr lachten, und schliesslich rollten wir vor Lachen in den Fluss und lachten im Wasser weiter, bis ich dachte, wir ertrinken.

Stattdessen aber fingen wir an zu schwimmen. Ich habe nie schwimmen können, obwohl ich mir immer gewünscht hatte es zu lernen. Jetzt konnte ich es plötzlich.

Ich schwamm richtig gut.

«Jonathan, ich kann schwimmen!», schrie ich.

«Klar kannst du schwimmen!», rief Jonathan. Und da fiel mir etwas auf.

«Jonathan, hast du was gemerkt?», fragte ich. «Ich huste nicht mehr.»

«Klar hustest du nicht mehr», sagte Jonathan. «Du bist ja jetzt in Nangijala.»

Unterwegs ins Heckenrosental

Die Freude der beiden Brüder über ihr Wiedersehen wird schon bald getrübt. In einem Nachbartal des Kirschtals, im Heckenrosental, herrscht ein grausamer Mann: Sein Name ist Tengil. Er unterdrückt die Bewohner seines Tales; überall sieht man seine Soldaten auf Pferden.

Zusammen mit andern Bewohnern aus dem Kirschtal versucht Jonathan den Menschen im Heckenrosental zu helfen. Es kommt zu einem Aufstand; Jonathan macht sich auf ins Heckenrosental, um gegen Tengil zu kämpfen.

Krümel hält es alleine im Kirschtal nicht aus, und zusammen mit seinem Pferd Fjalar reitet er Jonathan hinterher: Ein gefährliches Unterfangen!

Nach einem anstrengenden Ritt durch die Berge versteckt sich Krümel zusammen mit Fjalar in einer Felshöhle nahe der Grenze. Hier will er die Nacht verbringen. Gegen Morgen schreckt Krümel auf. Vor der Felshöhle hört er Stimmen. Veder und Kader, zwei Soldaten von Tengil, haben sich vor der Höhle mit einem Verräter aus dem Kirschtal verabredet. Krümel belauscht in seinem Versteck das Gespräch der drei Männer. Er hofft inständig, dass er nicht entdeckt wird. Seine Hoffnung wird jedoch nicht erfüllt.

Gefangen von Soldaten

Ich stürzte zu Fjalar und legte ihm die Hand über das Maul. Lieber, guter Fjalar, keinen Laut, flehte ich insgeheim, denn ich wusste, wenn er jetzt wieherte, dann war alles verloren. Und Fjalar war so klug. Er verstand wirklich alles. Die anderen Pferde wieherten draussen. Sie wollten wohl auf Wiedersehen sagen. Aber Fjalar blieb stumm und antwortete nicht.

Ich sah Veder und Kader aufsitzen, und wie froh ich darüber war, lässt sich nicht beschreiben. Gleich würde ich frei sein, der Mausefalle entwischen können. Glaubte ich.

Denn in diesem Augenblick sagte Veder: «Ich habe meinen Feuerstein vergessen.»

Und er sprang vom Pferd und suchte den Boden rund um das Lagerfeuer ab.

Schliesslich sagte er: «Hier ist er nicht. Ich muss ihn in der Höhle verloren haben.»

Und mit Donnergepolter schnappte die Mausefalle wieder zu, denn so geschah es, dass ich gefangen genommen wurde. Veder kam in die Grotte, um nach seinem verflixten Feuerstein zu suchen, und stiess direkt auf Fjalar.

Ich weiss, dass man nicht lügen soll, aber wenn es ums Leben geht, dann muss man es.

Er hatte übrigens harte Fäuste, dieser Veder, noch nie hatte mich einer so unsanft angepackt. Es tat weh und ich wurde wütend, seltsamerweise war meine Wut grösser als meine Furcht. Vielleicht log ich deshalb gut.

«Wie lange spionierst du hier schon herum?», brüllte er, nachdem er mich aus der Höhle gezerrt hatte.

«Seit gestern Abend. Aber ich habe nur geschlafen», sagte ich und blinzelte im Morgenlicht, als sei ich gerade aufgewacht.

«Geschlafen», sagte Veder. «Willst du mir weismachen, du hättest nichts gehört? Nicht gehört, wie wir hier am Lagerfeuer gegrölt und gesungen haben? Keine Lüge jetzt!»

Das glaubte er sich listig ausgedacht zu haben, denn sie hatten ja keinen Ton gesungen. Aber ich war noch listiger.

«Doch, kann sein, ein bisschen habe ich gehört, wie ihr gesungen habt», stotterte ich, so als löge ich, nur um es ihm recht zu machen.

Veder und Kader sahen sich an, jetzt waren sie ganz sicher, dass ich wirklich geschlafen und nichts gehört hatte.

Doch das half mir auch nicht viel weiter.

«Weisst du nicht, dass es bei Todesstrafe verboten ist, diesen Weg zu benutzen?», fragte Veder.

Ich stellte mich so dumm wie möglich, als hätte ich von nichts eine Ahnung, weder von der Todesstrafe noch von sonst was.

«Ich wollte mir gestern Abend nur den Mond angucken», murmelte ich.

«Und dafür riskierst du dein Leben, du kleiner Fuchs», sagte Veder. «Wo bist du überhaupt zuhause, im Kirschtal oder im Heckenrosental?»

«Im Heckenrosental», log ich.

«Wer sind deine Eltern?», fragte Veder.

«Ich wohne bei – bei meinem Grossvater», sagte ich.

«Und wie heisst er?», fragte Veder.

«Ich nenne ihn nur Grossvater», sagte ich und stellte mich noch dümmer.

«Und wo im Heckenrosental wohnt dein Grossvater?», fragte Veder weiter.

«In – in einem kleinen weissen Haus», sagte ich, weil ich dachte, die Häuser im Heckenrosental sind wohl auch weiss wie die im Kirschtal.

«Dieses Haus und deinen Grossvater musst du uns schon zeigen», sagte Veder. «Los, sitz auf!»

Über die Grenze
Und wir ritten los. In diesem Augenblick ging über den Bergen von Nangijala die Sonne auf. Der Himmel flammte wie rotes Feuer und die Berggipfel glühten. Etwas Schöneres, etwas Grossartigeres hatte ich noch nie gesehen. Und hätte ich nicht Kader und das schwarze Hinterteil seines Pferdes gerade vor mir gehabt, hätte ich wohl losgejubelt. Aber so tat ich es nicht, nein, wahrhaftig nicht!

Der Pfad wand und schlängelte sich dahin genau wie vorher. Bald aber ging es steil abwärts. Mir wurde klar, dass wir uns jetzt dem Heckenrosental näherten. Dennoch traute ich kaum meinen Augen, als ich es plötzlich unter mir liegen sah: Es war ebenso schön wie das Kirschtal, wie es dort im Morgenlicht mit seinen Häuschen und Gehöften, den grünen Hängen und den blühenden Heckenrosensträuchern vor uns lag. Wahre Dickichte von Heckenrosensträuchern waren es. Von oben sah es wirklich lustig aus, fast wie rosa Schaumkronen auf einem grünen Wellenmeer. Ja, Heckenrosental war der richtige Name für dieses Tal.

Ohne Veder und Kader wäre ich niemals dorthin gelangt. Denn rund um das ganze Heckenrosental lief eine Mauer, eine hohe Mauer. Die Bewohner des Tals hatten sie auf Tengils Befehl errichten müssen, denn er wollte sie als Sklaven für immer in Gefangenschaft halten. Jonathan hatte es mir erzählt, deshalb wusste ich es.

Veder und Kader mussten vergessen haben, mich zu fragen, wie es mir gelungen war, aus diesem abgeriegelten Tal herauszukommen, und ich betete zu Gott, dass es ihnen auch nie einfallen möge. Denn was hätte ich antworten sollen? Wie sollte ein Mensch über diese Mauer kommen – noch dazu auf einem Pferd?

Oben auf der Mauer hielten, so weit ich nur sehen konnte, Tengilmänner in schwarzen Helmen und Schwertern und Speeren Wache. Andere bewachten das Tor, denn dort, wo der Pfad aus dem Kirschtal endete, war ein Tor in der Mauer.

Früher waren die Menschen zwischen den Tälern frei hin und her gewandert, jetzt war hier ein geschlossenes Tor und nur Tengils Leute durften hindurch.

Veder pochte mit seinem Schwertknauf an das Tor. Eine kleine Luke öffnete sich und ein riesengrosser Kerl steckte den Kopf heraus.

«Losungswort», schrie er.

Veder und Kader flüsterten ihm die geheime Parole ins Ohr. Damit ich sie nicht hören sollte. Aber das war ja ganz überflüssig, denn auch ich kannte die Worte – «*Alle Macht Tengil, dem Befreier!*»

Der Mann in der Luke sah mich an und fragte: «Und der da? Was ist das für einer?»

«Das ist ein kleiner Dummkopf, den wir in den Bergen aufgegabelt haben», antwortete Kader. «Aber vielleicht ist er gar nicht so dumm, denn immerhin hat er sich gestern Abend durch dein Tor schleichen können. Was sagst du dazu, Oberwächter? Ich meine, du solltest deine Leute mal fragen, wie sie abends ihren Wachdienst versehen.»

Der in der Luke wurde böse. Er öffnete das Tor und schimpfte und fluchte und wollte mich nicht durchlassen, nur Veder und Kader.

«In die Drachenhöhle mit ihm», brüllte er. «Da gehört er hin!»

Doch Veder und Kader gaben nicht nach – ich müsse hinein, sagten sie, denn erst solle ich beweisen, dass ich ihnen nichts vorgeschwindelt hätte. Das festzustellen sei ihre Pflicht Tengil gegenüber. Und so ritt ich hinter Veder und Kader durch das Tor.

Dabei dachte ich, wenn ich Jonathan je wieder sehe, dann erzähle ich ihm, wie Veder und Kader mir ins Heckenrosental hineingeholfen haben. Da würde er etwas zu lachen haben!

Auf der Suche nach einem Grossvater
Aber ich selber lachte nicht. Denn ich wusste, wie schlecht es um mich bestellt war. Ich musste ein weisses Häuschen mit einem Grossvater finden, sonst würde ich in die Drachenhöhle kommen.

«Reit voraus und zeig uns den Weg», befahl Veder. «Wir haben ein ernstes Wörtchen mit deinem Grossvater zu reden!»

Ich trieb Fjalar an und schlug einen Weg dicht an der Mauer ein. Weisse Häuser gab es viele, genau wie daheim im Kirschtal. Ich sah aber keines, auf das ich zu zeigen wagte, weil ich nicht wusste, wer darin wohnte. Ich wagte nicht zu sagen: «Da wohnt Grossvater», denn wenn Veder und Kader hineingegangen wären und es dort nicht einmal einen alten Mann gegeben hätte, geschweige einen, der mein Grossvater hätte sein wollen – nicht auszudenken!

Jetzt sass ich wirklich in der Klemme und ich schwitzte vor Angst. Einen Grossvater erfinden war leicht gewesen, aber jetzt kam mir meine Schwindelei gar nicht mehr so schlau vor. Überall sah ich Leute bei der Arbeit, aber nirgends einen, der wie ein Grossvater aussah, und mir wurde immer jämmerlicher zu Mute. Überdies war es schrecklich zu sehen, wie es den Menschen im Heckenrosental erging, wie bleich und verhungert und unglücklich sie alle aussahen, wie anders als die Leute im Kirschtal. Aber in unserem Tal gab es ja auch keinen Tengil, der uns nur zur Arbeit anhielt und uns kaum das Nötigste zum Leben liess.

Ich ritt und ritt. Veder und Kader wurden schon ungeduldig, doch ich ritt immer weiter, als wollte ich bis ans Ende der Welt.

«Ist es noch weit?», fragte Veder.

«Nein, nicht mehr sehr», sagte ich, wusste aber weder, was ich sagte, noch, was ich tat. Ich war ganz von Sinnen vor Angst und wartete nur darauf, in die Drachenhöhle geworfen zu werden. Doch da geschah ein Wunder. Glaubt mir oder nicht, aber vor einem weissen Häuschen dicht an der Mauer sass ein alter Mann auf einer Bank und fütterte Tauben. (…)

Und jetzt tat ich etwas Unerhörtes: Ich sprang vom Pferd und mit wenigen Sätzen war ich bei dem Alten, schlang ihm die Arme um den Hals und flüsterte in meiner Verzweiflung: «Hilf mir! Rette mich! Sag, dass du mein Grossvater bist!»

Ich hatte furchtbare Angst und war ganz sicher, dass er mich wegstossen würde, wenn er Veder und Kader in ihren schwarzen Helmen hinter mir sah. Weshalb sollte er meinetwegen lügen und vielleicht deshalb in der Drachenhöhle landen?

Aber er stiess mich nicht fort. Er hielt mich umfasst und seine Arme waren für mich ein Schutz gegen alles Böse.

«Mein Kleiner», sagte er so laut, dass Veder und Kader es hören mussten, «wo bist du denn so lange gewesen? Und was hast du angestellt, du unseliges Kind, dass Soldaten dich heimbringen?»

Geschafft!
Mein armer Grossvater, wie schrecklich er von Veder und Kader gescholten wurde! Sie schnauzten und schimpften und sagten, er solle gefälligst auf seine Enkelkinder aufpassen und sie nicht in den Bergen von Nangijala herumstreunen lassen, denn sonst hätte er bald keine Enkel mehr und er selber könne etwas erleben,

das er nie vergessen würde. Nur dieses eine Mal wollten sie ihn noch laufen lassen, sagten sie schliesslich. Und dann ritten sie fort. Bald waren ihre Helme nur noch als schwarze Pünktchen fern im Tal zu erkennen.

Da fing ich an zu weinen. Ich hielt meinen Grossvater noch immer umschlungen und weinte und weinte, denn die Nacht war so lang und schwer gewesen und jetzt war sie endlich vorüber. Und mein Grossvater liess mich gewähren. Er wiegte mich in seinen Armen hin und her und ich wünschte, oh, wie sehr wünschte ich mir, er wäre mein richtiger Grossvater. Obgleich ich noch immer weinte, versuchte ich es ihm zu sagen. «Ja, ich will gern dein Grossvater sein», sagte er. «Aber mein Name ist Matthias. Und wie heisst du?»

«Karl Lö ...», begann ich. Doch da verstummte ich. Wie konnte ich nur so wahnsinnig sein, diesen Namen im Heckenrosental zu nennen!

«Lieber Grossvater, mein Name ist geheim», sagte ich. «Nenn mich einfach Krümel!»

«Soso, Krümel», sagte Matthias und lachte leise. «Na, dann geh jetzt mal in die Küche, Krümel, und warte dort auf mich», fügte er hinzu. «Ich bring inzwischen dein Pferd in den Stall.» Und ich ging hinein. In eine ärmliche kleine Küche mit nur einem Tisch, einer Holzbank, ein paar Stühlen und einem Herd. Und mit einem grossen Schrank an der Wand.

Bald kam Matthias wieder und ich sagte: «So einen grossen Schrank haben wir auch in unserer Küche, zuhause im Kirsch ...»

Wieder verstummte ich.

«Zuhause im Kirschtal», sagte Matthias. Ich sah ihn ängstlich an – wieder hatte ich etwas gesagt, was ich nicht hätte sagen dürfen.

Mehr sagte Matthias nicht. Er ging zum Fenster und sah hinaus. Lange stand er da und guckte, als wolle er ganz sicher sein, dass niemand in der Nähe war. Schliesslich wandte er sich zu mir und sagte leise: «Mit diesem Schrank hat es freilich seine besondere Bewandtnis. Wart, ich zeig es dir!»

Er stemmte die Schulter dagegen und schob den Schrank beiseite. Dahinter in der Wand dicht über dem Fussboden befand sich eine Luke. Er öffnete sie und man sah in einen kleinen Raum, eine winzige Kammer. Jemand lag dort auf dem Fussboden und schlief.

Es war Jonathan.

Krümel hat Jonathan wieder gefunden! Damit beginnen aufregende und gefährliche Tage und Nächte. Bis das Heckenrosental wieder ein freies Tal ist, müssen die beiden noch einige Abenteuer bestehen.

Die Abenteuer von Krümel und Jonathan kannst du im Buch «Die Brüder Löwenherz» nachlesen. Die Geschichte ist auch als Hörkassette und als Videofilm erhältlich. Die Angaben dazu findest du auf der CD-ROM (T101).

EIN GNU MACHT SEINEN WEG

Reinhard Künkel (Text und Fotos)

Gnus sind ihr Leben lang unterwegs. Auf der Suche nach Futter ziehen sie durch die Serengeti und müssen einer Gefahr nach der anderen trotzen.

Ein paar Minuten nach der Geburt hebt das kleine Gnu seinen Kopf. Die Muttter begrüsst es mit einem Stupser. Das Neugeborene versucht auf die Beine zu kommen und stürzt kopfüber ins Gras. Es wagt einen zweiten Versuch. Zitternd steht es auf den langen Beinen, macht einen Schritt und fällt wieder hin. Das Kalb lässt sich nicht entmutigen und versucht es wieder. Zwanzig Minuten nach der Geburt kann es gehen und kleine Sprünge machen. Ausserdem hat es gemerkt, wo es Milch saugen kann. Damit hat es die ersten zwei Lektionen für seinen Lebensweg gelernt.

Aufbruch

Sieben Kälber bringt die Gruppe von Weissbart-Gnu-Kühen an diesem Februarmorgen zur Welt. Die Muttertiere stehen abseits der Herde. Aufmerksam halten sie nach Hyänen und Löwen Ausschau. Im Moment droht keine Gefahr. Zusammen mit den andern Müttern führt die Kuh ihr Kalb vom Geburtsplatz fort. Der Geruch könnte Hyänen aufmerksam machen. Auf der Suche nach leichter Beute streunen sie zwischen den Herden umher und reissen Kälber. Doch auch die hungrigsten Hyänen sind einmal satt. Das Kalb bleibt verschont und folgt seiner Mutter. Die Herde zieht weiter, auf der Suche nach Futter.

Kaum ein paar Tage alt, muss das Kalb um sein Leben kämpfen. In der südwestlichen Serengeti stösst die Herde auf den Masek-See. Tausende von Gnus drängen sich am Ufer. In langer Kette schwimmen sie durch den See. Das kleine Gnu versucht an der Seite seiner

Ein paar Minuten nach der Geburt steht das Kalb schon auf eigenen Beinen.

Mutter zu bleiben. Mit letzter Kraft erreicht das junge Tier das andere Ufer. Dort warten bereits Löwen. Nicht weit von der Stelle, wo es mit der Mutter an Land geht, preschen die Wildkatzen aus den Büschen hervor und reissen ein Gnu zu Boden. In Panik flüchten die Überlebenden die Böschung hinauf. Andere schwimmen zurück. Das Kalb rast neben der Mutter her. Im Staub und Gedränge ist die Gefahr gross, die Mutter zu verlieren. Alle seine Sinne sind darauf gerichtet, neben dem vertrauten Körper zu bleiben.

1000 Kilometer in einem Jahr

In der im nordöstlichen Tansania gelegenen Serengeti-Steppe lebt etwa eine Million Weissbart-Gnus. Auf der Suche nach Weidegründen wandern sie in endlosem Kreislauf durch die weiten Ebenen.

Das Gebiet, das sie nach Futter absuchen, ist 25 000 km² gross, das ist etwas mehr als die halbe Fläche der Schweiz. Im Januar und Februar kommen innerhalb von nur drei Wochen 80% der Kälber zur Welt. In ihrem ersten Lebensjahr legen sie die erste Runde ihrer lebenslangen Wanderung zurück, etwa 1000 Kilometer.

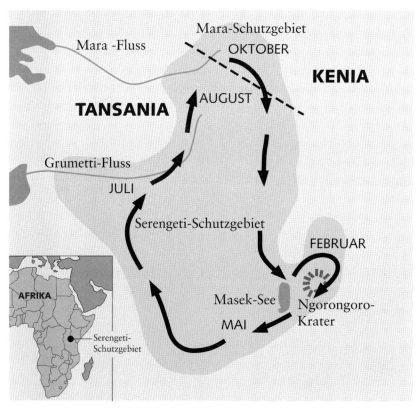

Anfang Jahr brechen die Gnus zu ihrer Wanderung auf. Sie folgen den Regenwolken, immer auf der Suche nach frischem Gras. Im Juli erreichen die Herden die Wasserstellen am Grumeti-Fluss. Sobald diese ausgetrocknet sind, ziehen sie weiter ins Mara-Schutzgebiet. Ende Oktober kehren sie zurück zum Ngorongoro-Krater.

Mit schnellen Sprüngen flüchtet das Gnu vor feindlichen Raubtieren.

Spielen und lernen
Das Kalb wächst schnell. Gewitterstürme tränken die Steppe, aus dem Boden spriesst üppiges Grün. Das kleine Gnu tollt mit andern Kälbern zwischen den älteren Tieren umher. Im Spiel lernt es, sich noch flinker zu bewegen und richtig zu verhalten. Für die Hyänen und Löwen, die dem Wanderzug der grossen Herden folgen, wird es von Tag zu Tag schwieriger, ein heranwachsendes Gnu zu erwischen.

Im Mai verschwinden die Regenwolken. Die Sonne lässt das Gras in der Steppe verdorren. Die Herden sammeln sich zu riesigen Kolonnen und ziehen in das feuchtere Waldland.

Immer noch drängt sich das Kalb bei jeder kleinsten Unruhe an die Seite seiner Mutter. Verwaiste Kälber haben nur geringe Überlebenschancen. Löwen, Hyänen, Leoparden, Geparde und Afrikanische Wildhunde haben es auf junge Gnus abgesehen.

Die Gefahr lauert
Im Waldland sind die Flüsse und Bäche noch nicht ganz ausgetrocknet. Die Herden pilgern jeden Tag zu diesen Wasserstellen. Unter den Bäumen finden sie etwas Gras. Das Kalb ist kräftig gewachsen. Es kann nun so schnell und ausdauernd laufen wie seine Mutter. Auf seinem Kopf spriessen zwei kleine Hornspiesse, und sein Fell wird dunkler. Auf der Suche nach neuen Weidegründen wendet sich die Herde nach Norden. Nach langem Marsch erreichen die durstigen Tiere die Wasserstellen des Grumeti-Flusses.

EIN GNU MACHT SEINEN WEG

In den ersten Lebensmonaten weicht das kleine Gnu nicht von der Seite seiner Mutter.

Die trinkenden Gnus bemerken weder die aufmerksamen Augen, die über die Wasserfläche blicken, noch den riesigen Körper, der langsam auf sie zutreibt. Im letzten Augenblick lässt eine ungewohnte Bewegung das junge Gnu aufschrecken. Mit schnellen Sprüngen flüchtet es zurück zum Ufer. Das Tier neben ihm zögert zu lange. Reihen spitziger Zähne schnappen zu. Das Krokodil hat seine Beute an einem Vorderbein erwischt. Nach kurzem Ringen zieht es die Beute unter Wasser. Ein paar Minuten nach dem Überfall drängen die durstigen Tiere erneut zum Wasser.

Weissbart-Gnu
Ein neu geborenes Weissbart-Gnu wiegt etwa 16 Kilogramm. Nach 4 Jahren ist es erwachsen. Ausgewachsene Männchen erreichen eine Schulterhöhe von 150 Zentimetern und wiegen etwa 250 Kilogramm; Weibchen sind etwas kleiner und leichter. Weissbart-Gnus werden höchstens 20 Jahre alt.

Immer dem Regen nach
Die Gnus wandern weiter nach Nordosten. Im Mara-Schutzgebiet in Kenia finden sie trotz Trockenzeit noch ausreichend Nahrung und Wasser. Um dorthin zu gelangen, müssen sie den Mara-Fluss überqueren. Viele Tiere fallen hungrigen Krokodilen zum Opfer. Das junge Gnu überlebt. Sobald am Horizont die ersten Wolkentürme die Regenzeit ankünden, kehrt die Herde über den grossen Fluss zurück in die Serengeti. Je nach Regenfall erreichen sie im Oktober oder November die Steppen am Fusse der Riesenvulkane um den Ngorongoro-Krater. Das junge Gnu ist wieder am Ort seiner Geburt angelangt. Es hat die gefährlichste Phase seines Lebens gemeistert und ist bereit für die nächste Wanderung.

Reinhard Künkel
Reinhard Künkel ist Tierfilmer und Tierfotograf. Neben den Gnus kennt er sich vor allem mit Geparden aus. Drei Jahre lang hat er an einem Film über die Raubkatzen gearbeitet. Als erster Mensch schaffte er es, Geparde an sich zu gewöhnen. Die Tiere bewegen sich völlig entspannt und wie selbstverständlich in seiner Nähe. Er kann sie gar auf ihren Streifzügen zur Jagd begleiten. Der Fotograf hat bis heute noch keine endgültige Erklärung, warum seine Freundschaft zu einzelnen Geparden so gut funktioniert.

Reinhard Künkel gilt als einer der besten Tierfotografen der Welt. Seine Berichte über die afrikanische Tierwelt erscheinen in verschiedenen Zeitschriften (Geo, Geolino, Spick). Er hat mehrere Bücher über die Tierwelt Afrikas veröffentlicht (z. B. «Afrikas Elefanten», «Abenteuer Serengeti», «Die Jagd mit der Kamera»).

DIE STECHPUPPE

📖 *aus: «Die Himmelsstürmer / Im Banne der Zeit», Scilly Verlag*

AUF DEM FALKENSCHLOSS

Tilde Michels   aus: «Das Falkenschloss», Nagel und Kimche Verlag

Jonas und seine Schwester Johanna interessieren sich sehr fürs Mittelalter. In einer verfallenen Burg lernen die beiden einen Archäologen kennen, der die mittelalterliche Ruine erforscht. Eine geheimnisvolle Stimme aus dem Computer des Forschers lockt die beiden hinein ins Leben der Ritter und Burgen. Plötzlich befindet sich Johanna mitten in der belebten Burgküche, viele hundert Jahre früher ...

Als sie aufwachte, befand sie sich in einem Raum unter lachenden, schwatzenden Mägden. Die einen waren damit beschäftigt, Rüben zu putzen und weisse Bohnen auszupellen. Die anderen rupften Hühner und Tauben.

Der Raum war nach drei Seiten hin offen. Die vierte Seite schloss an die Aussenmauer des Kastells. Holzpfosten trugen ein schräg abfallendes Dach. Im Freien davor der Ziehbrunnen.

An den vielen Pfannen und Töpfen erkannte Johanna, dass sie sich in der Küche befand. Einen Herd gab es nicht, nur eine offene Feuerstelle. Darüber hingen riesige eiserne Kochgeschirre, die mit Ketten an den Dachbalken befestigt waren.

Das gerupfte Geflügel warfen die Mägde auf einen langen Tisch. Dort wurde es ausgenommen und mit gewürzter Leber gefüllt. Der Koch legte dann die Tauben, Rebhühner und Fasane in die Pfannen über dem Feuer. Sie schmurgelten unter seinen wachsamen Augen und verbreiteten einen köstlichen Duft.

Keiner schien Johanna zu beachten, keinem schien aufzufallen, dass sie im Badeanzug ... aber nein! Sie hatte ein Kleid an wie die andern Mägde auch: graublau aus grobem Leinen gewebt. Der Halsausschnitt und der Rocksaum waren mit einer weissen Borte eingefasst. Die langen Ärmel waren eng und unbequem. Eine dunkelblaue Schürze hatte sie auch umgebunden und ihre Füsse steckten in knöchelhohen Schuhen aus dickem Filz.

Zuhause hätte sie so was nie angezogen, aber seitdem sie am andern Ufer des Flusses gelandet war, kam ihr ohnehin alles rätselhaft und verquer vor.

Johanna merkte, dass sie Hunger hatte. Aber ihr wurde bald klar, dass sie von diesen leckeren Speisen nichts abbekommen würde. Bediente rannten hin und her und trugen alles in den Speisesaal des Kastells.

Und Jonas?, dachte Johanna. Der musste doch auch irgendwo in diesem Schloss sein. Ob er womöglich an der Tafel der Edelleute speisen durfte?

Aber sowohl Johanna in der Küche als auch Jonas in der Gesindestube bekamen das tägliche Essen der einfachen Leute: einen Brei aus Gerste oder Hirse.

Die älteste Küchenmagd sah Johanna mitleidig an und schob ihr noch eine Schüssel Milchsuppe hin. «Siehst mager aus.»

Mager war Johanna eigentlich nicht, nur sehr müde von den Erlebnissen des Tages. Am liebsten hätte sie sich in einer Ecke verkrochen und geschlafen. Als sie aber hörte, dass Gaukler und Spielleute erwartet wurden, war sie sofort hellwach. «Dürfen wir die sehen?», fragte sie.

Die Mägde stiessen sich an und kicherten. «Dürfen oder nicht», erklärte eine von ihnen. «Wir kennen eine Wendeltreppe, die zu einem Quergang führt. Dort gibt es ein paar Gucklöcher in den grossen Hof.»

«Nehmt mich mit!», bat Johanna und dachte an Jonas.

Die Mägde kicherten wieder und nickten.

IN DER BURGKÜCHE

Burgen hatten zum Teil riesige Küchen, denn es musste manchmal für sehr viele Menschen gekocht werden. In grossen Kesseln wurden Suppen, Eintöpfe oder Saucen über einem offenen Feuer zubereitet. Es gab Backöfen für Brot und Pasteten, Roste und Spiesse zum Grillen und Braten. Manche Bratspiesse waren drei Meter lang, damit ein ganzes Schwein oder Reh oder eine ganze Reihe Tauben, Hühnchen, Fasane oder Gänse damit gebraten werden konnten. Topfhaken, Feuerschaufeln, grosse Gemüsekörbe, Reibeisen und Mörser gehörten in die gut eingerichtete mittelalterliche Küche.

 Mehr über die mittelalterliche Burgküche findest du auf der CD-ROM (T133).

Es war Abend geworden. Die Edelleute hatten das Mahl beendet und versammelten sich im Burghof.

Bediente steckten Fackeln in die eisernen Halter im Mauerwerk. Die Flammen loderten auf und verbreiteten Dunst über dem Hof.

Aus der Ferne erklang Musik. Da verkündete der Kastellan: «Es beginnt! Die Spielleute kommen!»

Und Jonas?

Johanna war mit den Mägden die schmale steinerne Wendeltreppe hinaufgestiegen und hatte ein Guckloch gefunden, durch das sie den ganzen Hof überblicken konnte.

Jetzt zogen die Musikanten durchs Tor mit Flöten, Fiedeln, Trommeln und Rasseln. Hinter ihnen drängten Kinder herein. Sie trugen Narrenkappen mit Glöckchen, liefen auf ihren Händen und schlugen Purzelbäume quer durch den Hof.

Ein Mann in gelben Pluderhosen, einem bunten Wams und Schnabelschuhen trat in die Mitte, zog seinen Hut mit der langen Feder und kündigte an, was die Zuschauer alles zu sehen bekämen: «Messerwerfer und Feuerschlucker ... Zauberer und Seiltänzer ... Steinbeisser und ...»

«Und einen Bären!», rief einer der Herren dazwischen.

Die Edelfrauen standen auf dem Balkon über dem Hof. Sie klatschten in die Hände und riefen: «Wir wollen den Tanzbären sehen!»

Der Mann, der die Gaukler angekündigt hatte, spreizte alle zehn Finger und liess seine Hände kreisen. «Geduld, hochverehrte, hochedle Damen und Herren, Geduld! Der beste Tanzbär der Welt ist schon auf dem Weg. Er wird unverzüglich vorgeführt werden. Inzwischen haben wir die Ehre, die hochedlen Herrschaften mit allerlei Kurzweil zu unterhalten.»

Er verbeugte sich und ein Flötenspieler brachte ein Murmeltier herein, das sich nach seinen Klängen auf einer Kugel rundum drehte und dabei pfiff.

Ihm folgten Hunde, die wie feine Edelleute und Hofdamen gekleidet waren und auf zwei Beinen liefen.

Eine kleine Seiltänzerin in grellbuntem Rock und farbigen Tüchern machte Tanzschritte und Sprünge auf dem Seil. Zum allgemeinen Vergnügen versuchten drei Affen, die Tänzerin hinunterzuzerren, bis sie Hiebe bekamen und kreischend davonjagten. Das Mädchen hüpfte vom Seil, verbeugte sich und sammelte die Münzen auf, die ihm die Zuschauer zugeworfen hatten.

Die Fackeln überzogen den Hof mit immer dichterem Qualm. Die Sicht wurde für Johanna schlecht. – Jonas! War er überhaupt

dort unten? Wahrscheinlich durfte er ebenso wenig an diesem Fest teilnehmen wie sie selbst.

Als der Feuerschlucker kam, liess sich Johanna für kurze Zeit ablenken. Er schwenkte eine brennende Fackel und führte sie in seinen Mund. Gleich darauf zog er die erloschene Fackel heraus und spie das Feuer in einer langen Flamme aus seinem Mund.

«Wie macht er das?», flüsterte Johanna der Magd neben sich zu. «Wieso verbrennt er sich dabei nicht?»

Die Magd zuckte mit den Schultern. «Gaukler können solche Sachen. Die schlucken auch Schwerter und verbluten nicht. – Aber schau, der Bär!»

Er tappte herein, braun und zottig. Zwei Männer begleiteten ihn; der Bärenführer und der Musikant. Als der Spielmann seine Fiedel ansetzte, begann sich der Bär zu wiegen und zu drehen. Es war aber immer die gleiche Melodie, die der Spielmann fiedelte, und es waren die gleichen Schritte, die der Bär hin und her und rundum machte. Das wurde den Zuschauern bald langweilig. Sie warfen den Schaustellern ihre Münzen zu und verlangten nach einer neuen Attraktion.

Der Bär trottete mit seinem Führer durchs Tor hinaus; der Spielmann sammelte eilig die Münzen auf und folgte fiedelnd und tanzend.

Der Mann in der gelben Pluderhose musste jetzt die nächste Nummer ansagen – aber er zögerte. Unschlüssig sah er sich nach dem Kastellan um und flüsterte mit ihm.

Da trat der Kastellan selbst vor und rief: «Edle Damen und Herren, wir haben die Ehre, den grossen Meister Maluban heute Abend als Gast des Herzogs unter uns zu sehen. Auf allerhöchsten Wunsch ist er bereit, uns mit seiner Kunst zu erfreuen.»

Einige Minuten lang herrschte Schweigen. Es kam Johanna vor, als sei die Gesellschaft sogar betroffen. Die Herren steckten die Köpfe zusammen und die Damen flüsterten miteinander.

Dann erschien Maluban. Mit langsamen Schritten durchmass er den Hof. Seine hohe Gestalt umwallte ein schwarzer Umhang und sein Gesicht war durch einen breitkrempigen schwarzen Hut halb verdeckt.

Bei seinem Anblick schreckte Johanna zusammen. Ihr schien, dass sich das Licht der Fackeln plötzlich verdüstert hatte. Sie spürte einen kalten Lufthauch, der ihr einen Schauder über den Rücken jagte, und sie presste beide Hände an ihr Herz.

Maluban machte eine knappe Verbeugung. Dann umrundete er den Schacht in der Mitte des Hofs und schlug mit seinem Stab auf die niedrige Mauer, die ihn begrenzte. Im gleichen Augenblick loderte eine Feuersäule aus der Tiefe.

Dieses Schauspiel erregte Bewunderung und Erstaunen, aber Maluban wehrte ab. Hochmütig blickte er über die Zuschauer und sagte: «Nur eine geringe Probe meiner Kunst.» Mit einem Schlag auf den Rand des Schachts löschte er das Feuer.

Dann stellte er sich unter den Balkon und fragte: «Welche von Euch hochedlen Frauen will mir ein Geschmeide übergeben, das ich verschwinden lasse und wieder herbeizaubern werde?»

Die Frauen steckten die Köpfe zusammen. Eine von ihnen löste schliesslich ihre Halskette und warf sie dem Magier zu. Es war eine Perlenkette mit einem Anhänger aus wertvollen Steinen.

Maluban hielt die Kette zwischen Daumen und Zeigefinger, schritt damit in die Runde und plötzlich, mit einer raschen Bewegung, warf er sie hoch über seinen Kopf. Sie schwebte einen Augenblick in der Luft und löste sich dann in nichts auf.

Murmeln und Unruhe wurden laut. Maluban schaute verächtlich um sich.

«Wozu die Aufregung?», rief er. «Vielleicht ist der Herr Kastellan so gnädig, in seine rechte Rocktasche zu fassen.»

Alle Augen richteten sich auf den Kastellan, der ratlos und kopfschüttelnd das Geschmeide aus seiner Tasche zog.

Maluban nahm den Beifall gleichmütig entgegen und bereitete schon seine nächste Nummer vor.

Er schnippte mit den Fingern und zwei Gehilfen trugen einen Tisch herein, auf dem ein Käfig mit fünf weissen Tauben stand. Maluban zog einen Schlüssel aus der Tasche, schloss den Käfig ab und schleuderte den Schlüssel in den runden Schacht. Dann bedeckte er den Käfig mit einem schwarzen Tuch.

Nach einigen beschwörenden Gesten zog er das Tuch wieder ab: Der Käfig war leer.

«Meinst du, der kann echt zaubern?», flüsterte Johanna ihrer Nachbarin zu.

Die nickte. «Wie sollt' es sonst gehn?»

«Es könnte aber ein Trick sein», meinte Johanna.

Das Mädchen sah sie verständnislos an. «Ein Trick? Was ist das? Du redest aber seltsam.»

Ein Trick, ein Trick! Ach so, das war ein Wort aus Johannas Welt. Ein Wort, das es hier offenbar nicht gab.

«Ein Betrug, eine List», versuchte sie zu erklären.

Aber der Magd war es ohnehin gleich, wie sie das Spektakel nannte. Ihr gefiel es so oder so.

Jetzt forderte Maluban die Gesellschaft auf, sich zu überzeugen, dass die Tauben wirklich verschwunden waren.

«Keine Augentäuschung, keine Gaukelei! Wer tritt näher?»

Der Kastellan fand sich bereit. Er fasste zwischen die Stäbe des Käfigs und nickte. «Tatsächlich leer.»

Maluban nahm den Beifall wie zuvor mit einer knappen Verbeugung entgegen und legte das schwarze Tuch wieder über den Käfig. Erst als der Kastellan auf seinen Platz zurückgegangen war, begann er mit seinen Beschwörungsformeln.

Er murmelte dunkle Worte, die keiner verstand, die aber grossen Eindruck auf alle machten.

Als er endlich das Tuch abzog, gurrten und flatterten die fünf Tauben wieder im Käfig.

Zum Beifall klatschten die Edelfrauen mit ihren Fächern sacht in die Hände und die Herren nickten bewundernd.

Auch Johannas Bruder Jonas erwacht plötzlich im Mittelalter wieder. Er befindet sich draussen vor der Burg und erlebt eine Falkenjagd aus nächster Nähe. Seine Geschichte kannst du auf der CD-ROM (T126) lesen.

WAS MAN MIT EINEM WORT ALLES TUN KANN ...

Corinne Bromundt

Jemandem das Wort im Mund umdrehen

Jemandem das Wort abschneiden

Nach einem Wort suchen

Das Wort ergreifen

Jemandem ein Wort an den Kopf werfen

Jemandem das Wort geben

Wörter können verletzen

Jemandem jedes Wort aus der Nase ziehen müssen

Jemandem ins Wort fallen

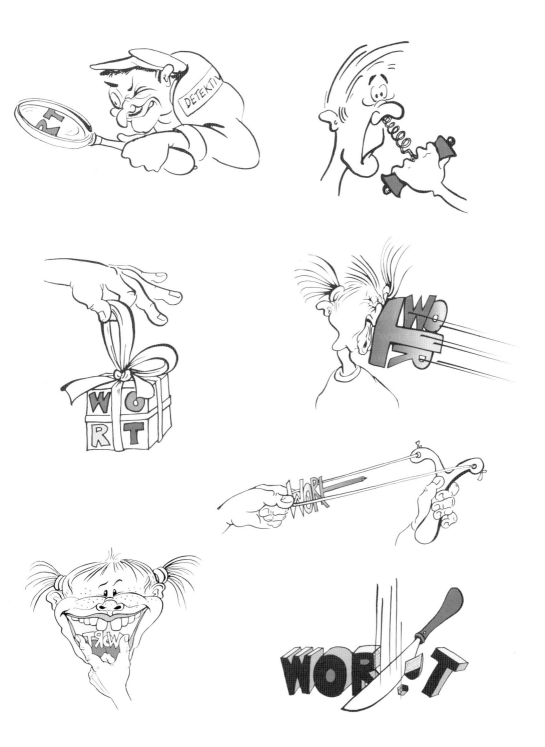

DER KLEINE GROSSE UNTERSCHIED

Hans Manz Könnte zerfliessen vor Zärtlichkeit.
Könnte fliegen vor Zuversicht.
Könnte die Welt umarmen vor Glück.
Könnte Berge versetzen vor Liebe.
Könnte Meere zerteilen vor Lebensfreude.
Könnte mich in Stücke reissen vor Wut,
dass könnte so weit entfernt ist von kann.

DIE ERDE HAT EINE ANZIEHUNGSKRAFT

Als Konrad zum ersten Mal das Meer sah, war ihm ganz anders.

Herbert Günther

«Schau, Konrad», sagte sein Vater und zeigte mit ausgestrecktem Arm auf einen glitzernden Fleck weit in der Ferne. Das war ein Schiff und der Vater erklärte, dass man es nur zum Teil sehen konnte und dass der andere Teil sich hinter der Krümmung der Erde versteckte.

«Wenn die Erde krumm ist», sagte Konrad, «warum läuft dann das Wasser unten auf der Erde nicht aus?»

«Das kommt von der Anziehungskraft», sagte die Mutter und legte Konrad die Hand auf die Schulter. «Die Erde hat eine Anziehungskraft.» Sie redeten noch eine ganze Menge über Nordpol und Südpol und dass der Mond und die Sonne auch eine Anziehungskraft haben, mit der sie Ebbe und Flut bewirken. Dann gingen sie barfuss an der Brandung entlang und als Konrad ganz allein vor den heranbrausenden, weiss schäumenden Wellen stand, rauschte ihm das Meer in die Ohren und der Wind erfasste ihn von den Füssen bis zu den Haaren.

Konrad sah über die weite Wasserfläche, aber das Schiff konnte er nicht mehr entdecken. Er hüpfte so hoch er konnte. Dreimal, viermal. Das Schiff blieb verschwunden. So hoch konnte er nicht springen, um hinter die Erdkrümmung zu sehen.

Als Konrad zum ersten Mal die Berge sah, staunte er. Erst waren es nur kleine Zacken, Schnipsel wie ausgeschnittenes Bastelpapier, aber als der Zug immer näher darauf zufuhr, wuchsen sie zu Türmen, zu riesigen, versteinerten Ungeheuern, deren schneebedeckte Gipfel bis in den Himmel ragten.

«Schau, Konrad», sagte sein Vater. «Die Gletscher. Das ewige Eis.»

«Warum schmilzt es nicht?», fragte Konrad. «Es ist doch viel näher an der Sonne.»

«Weil die Luft da oben dünner ist», sagte die Mutter, «und viel kälter.» Am nächsten Tag fuhren sie mit der Zahnradbahn auf einen hohen Berg. Mitten im Sommer machten sie eine Schneeballschlacht. Auf der Terrasse des Gipfelrestaurants lagen Leute in Liegestühlen und bräunten sich. Es waren nur kleine Wolken am Himmel. In der Sonne war es heiss. Aber der Schnee schmolz nicht.

Konrad blinzelte in die Sonne. Über der Schneefläche blendete das Licht in den Augen und einen Moment lang kam es ihm vor, als sei die Sonne auf den Berg gefallen. Dabei hatten seine Eltern erklärt, die Sonne ist hundertneunundvierzigtausendfünfhundertmillionen Kilometer weit von der Erde entfernt. Jajaja. Aber als Konrad zum ersten Mal auf einem hohen Berg stand, hätte er sich beinahe an der Sonne verbrannt.

Als Konrads Oma starb, war Konrad sehr traurig. Die Traurigkeit war wie ein tiefes, schwarzes Loch und eine Zeit lang hatte Konrad Angst, dass er hineinfallen und gar nicht mehr daraus auftauchen könnte. Seine Oma Anna hatte er lieb gehabt und sich überhaupt nie vorgestellt, dass sie einmal nicht mehr da sein könnte. Jetzt lag sie in ihrem Bett umd sah aus, als ob sie schliefe. Aber sein Vater sagte: «Sie ist tot, Konrad. Sie hat uns für immer verlassen.»

Eine Weile sass Konrad auf dem Schemel neben dem Bett und wartete, ob Oma Anna vielleicht doch die Hand ausstrecken, seine Haare strubbeln und wieder sagen würde: «Konrad Wirrwarr, kämm dir dein Haar!»

Aber drei Tage später hatten sechs schwarz gekleidete Männer den Holzsarg mit Oma Anna darin in das Grab hinuntergelassen und dann war das Grab mit Erde zugeschaufelt worden. Oma Anna hatte sich nicht mehr gerührt.

An diesem Abend konnte Konrad lange nicht einschlafen. Das Licht in seinem Zimmer brannte. Dann kam seine Mutter und setzte sich zu ihm. «Aber wo ist denn jetzt ihr Leben?», fragte Konrad.

Die Mutter zog die Schultern hoch. «Ich weiss es nicht, Konrad», sagte sie. «Vielleicht im Himmel.»

Nach einer Weile sagte die Mutter: «Aber ein bisschen von ihrem Leben bleibt auch hier auf der Erde. Ein bisschen davon ist auch in dir, Konrad. Und ein bisschen ist in mir und in Papa, in allen Menschen, die sie lieb gehabt haben. Und die sich an sie erinnern.»

Später dann, Konrad weiss nicht genau ab wann, hat sich seine Traurigkeit verändert. Wenn er jetzt an seine Oma Anna dachte, war er traurig und froh zugleich. Einmal, als er sein Zimmer aufräumen sollte und die verstaubten Kastanienmännchen vom Vorjahr nicht wegwerfen wollte, hatte sein Vater den Kopf geschüttelt und geseufzt: «Wie Oma Anna!» Darüber hatte sich Konrad richtig gefreut.

Als Konrad zum ersten Mal in einem Flugzeug sass, spürte er ein Kribbeln im Bauch. Das Flugzeug hob von der Erde ab und Wiesen und Felder, Häuser, Bäume und Flüsse, Städte und Dörfer unter ihm wurden immer kleiner. Dann flogen sie durch die schmutzig grauen Wolken, vor dem Flugzeugfenster war alles neblig feucht und auf einmal stiessen sie durch die Wolken hinauf in ein unglaublich strahlendes Blau und die Wolken breiteten sich unter ihnen aus wie eine Wollflusendecke, in die Konrad sich gern hätte fallen lassen. Die Erde war darunter nicht mehr zu sehen.

Er war im Himmel.

«Warum fallen wir nicht runter?», fragte Konrad. «Ich denke, die Erde hat eine Anziehungskraft?»

«Das liegt an der Triebkraft», sagte der Vater. «Die Triebkraft des Flugzeugs ist stärker als die Anziehungskraft der Erde.»

Fast zwei Stunden flogen sie immer geradeaus. Irgendwann löste sich die Wollflusendecke unter ihnen auf und sie sahen

Berge, Wälder, Flüsse, Seen und Städte. Dann landeten sie sicher auf ihrer Urlaubsinsel im Meer.

Aber das Kribbeln im Bauch spürte Konrad noch abends im Bett. Vielleicht werde ich einmal Flugkapitän, dachte Konrad. Das muss toll sein, so einen grossen künstlichen Vogel durch die Luft steuern, ohne Wegweiser, ohne Kreuzung, ohne Verkehrsschild, nur mit Triebkraft immer geradeaus.

Als Konrad zum ersten Mal verliebt war, geriet ihm alles durcheinander. Meer- und Berggefühl, die Oma-Anna-Traurigkeit und das Flugzeugkribbeln, kein Anfang, kein Ende. Alles war nur ein einziger heisser Stich in seiner Brust, keine Ahnung woher, keine Ahnung wohin.

«Kommst du am Samstag zu meinem Geburtstag?», fragte ihn Annika, als sie wie immer auf dem Heimweg von der Schule zusammen durch den Stadtpark gingen.

Konrad sah Annikas Spiegelbild im blaugrünen Wasser des Teichs. Er sah ihre Beine, ihr Wollkleid, ihren Schulranzen, ihre windzerzausten Haare und dachte: Sie sieht aus wie eine Fee. Zum ersten Mal hatte Annika Konrad eingeladen, zum ersten Mal hatte sie gemerkt, dass es Konrad gibt. Und auf einmal merkte Konrad, wie sehr er darauf gewartet hatte. Vor Schreck blieb ihm die Sprache weg und er konnte nur noch nicken.

Annika fasste unter die Riemen ihres Schulranzens, lächelte, dann drehte sie sich um und hüpfte über den sandigen Weg davon. Am Ausgang des Stadtparks drehte sie sich noch einmal um und rief: «Um drei!» Und Konrad nickte wieder.

Annika stand eine Weile vor der Ampel. Dann ging sie zwischen vielen anderen Menschen über die Strasse. Zweihundert Meter noch auf der anderen Seite, dann musste Annika rechts ab in die Auguststrasse, da war der Block, in dem sie wohnte. Konrad sah hinter ihr her.

Als hätte sie seinen Blick gespürt, drehte sich Annika, bevor sie abbog, noch einmal um und winkte zu Konrad herüber.

Konrad winkte zurück.

Dann verschwand Annika zwischen den Menschen, den Autos und den Häusern.

Konrad war ganz dumm vor Glück. Er lief in den Park zurück, griff den untersten Ast der Kletterbuche und liess sich hin und her pendeln. Obwohl seine Hände brannten, liess er nicht los. Dann flimmerte es vor seinen Augen und er presste sie zu. Für einen Moment war ihm, als würde er hinter die Erdkrümmung sehen: Da war es warm wie im Inneren der Sonne, die Zeit war stehen geblieben, Oma Anna unsterblich – und das Flugzeugkribbeln durchflutete ihn vom kleinen Zeh bis in die Haarwurzeln.

«Was machst du denn für Grimassen?»

Als Konrad die Augen öffnete, stand seine Mutter vor ihm auf dem Sandweg. Sie kam von der Arbeit und schob mit der rechten Hand das Fahrrad neben sich her. Zusammen gingen sie nach Hause. Die Mutter hatte Ärger im Büro gehabt und merkte nicht, was los war mit Konrad. Im Hausflur nahm die Mutter die Post aus dem Kasten, dabei rutschte ihr die Zeitung aus der Hand und klatschte auf die Fliesen. Konrad bückte sich, nahm die Zeitung auf und murmelte: «Die Erde hat eine Anziehungskraft.»

«Was sagst du, Konrad?», fragte seine Mutter, schon auf der Treppe.

«Ach, nichts weiter», sagte Konrad, klemmte die Zeitung unter den Arm und ging hinter seiner Mutter her, die Treppe hinauf.

Morgens und abends zu lesen

Der, den ich liebe
Hat mir gesagt
Dass er mich braucht.
Darum gebe ich auf mich Acht
Sehe auf meinen Weg und
Fürchte von jedem Regentropfen
Dass er mich erschlagen könnte.

Bertolt Brecht

MIT DER SCHERE ZEICHNEN

Henri Matisse (1869–1954), «Acanthes» (Bärenklau), 1953, ausgeschnittene Papiere mit Gouache bemalt auf Papier auf Leinwand, 311 x 350,5 cm, Fondation Beyeler, Riehen/Basel

 Ein Porträt von Henri Matisse findest du auf der CD-ROM (T139).

ES KNOSPT

Es knospt
unter den Blättern
das nennen sie Herbst.

Hilde Domin

DER ENGEL DER LANGSAMKEIT

Jutta Richter   Ein Engel hat immer für dich Zeit,
das ist der Engel der Langsamkeit.
Der Hüter der Hühner, Beschützer der Schnecken,
hilft beim Verstehen und beim Entdecken,
schenkt die Geduld, die Achtsamkeit,
das Wartenkönnen, das Lang und das Breit.

Er streichelt die Katzen, bis sie schnurren,
reiht Perlen zu Ketten, ohne zu murren.
Und wenn die Leute über dich lachen
und sagen, das musst du doch schneller machen,
dann lächelt der Engel der Langsamkeit
und flüstert leise: Lass dir Zeit!
Die Schnellen kommen nicht schneller ans Ziel.
Lass den doch rennen, der rennen will!

Ein Engel hat immer für dich Zeit,
das ist der Engel der Langsamkeit.
Der Hüter der Hühner, Beschützer der Schnecken,
hilft beim Verstehen und beim Entdecken,
schenkt die Geduld, die Achtsamkeit,
das Wartenkönnen, das Lang und das Breit.

Er sitzt in den Ästen von uralten Bäumen,
lehrt uns den Wolken nachzuträumen,
erzählt vom Anbeginn der Zeit,
von Sommer, von Winter, von Ewigkeit.
Und sind wir müde und atemlos,
nimmt er unsern Kopf in seinen Schoss.
Er wiegt uns, er redet von Muscheln und Sand,
von Meeren, von Möwen und vom Land.

Ein Engel hat immer für dich Zeit,
das ist der Engel der Langsamkeit.
Der Hüter der Hühner,
Beschützer der Schnecken,
hilft beim Verstehen und beim Entdecken,
schenkt die Geduld, die Achtsamkeit,
das Wartenkönnen, das Lang und das Breit.

AUF DER SCHULREISE

Roger Lille

Die 5. Klasse von Frau Matter geht heute auf die Schulreise an den Vierwaldstättersee. Die Wetterprognosen sind gut, es ist ein heisser Tag. Im Augenblick sitzen die Kinder und ihre Lehrerin in Grüppchen in den Viererabteilen im reservierten Bahnwagen. Es ist 8 Uhr 23. Der Schnellzug befindet sich auf der Strecke zwischen Olten und Luzern.

Im Abteil E sitzen Simone, Tamara und Jasmin.
Simone: Hoffentlich stürmts so richtig auf dem Schiff. Wäre lässig!!
Tamara: Iiihh! Nein! Bloss das nicht! Mir wird schon schlecht, wenns nur ein bisschen schwankt!
Jasmin: Die ganze Klasse seekrank!
(Die drei lachen)
Jasmin: Wird hoffentlich lustig heute.
Tamara: Weiss nicht so recht. Dieser Marsch!
Jasmin: Was hat Frau Matter gesagt? Wie lange dauert die Wanderung?
Tamara: Zwei Stunden oder so.
Simone: Mir tun die neuen Wanderschuhe schon jetzt weh! Wollte die Turnschuhe anziehen. Aber Mamm war dagegen.
Tamara: Meine auch: «In diesen Schuhen gehst du mir nicht ...»
Jasmin: Dein Shirt ist übrigens mega cool.
Simone: Danke. Habe ich am letzten Samstag gekauft. Mamm findet es scheusslich. Eine halbe Stunde lang musste ich heute betteln, bis ich es anziehen durfte.
(Die drei schauen sich um)

AUF DER SCHULREISE

Im Zug von Aarau via Olten nach Luzern; 8 Uhr 23

Abteil A:
Stefan, Ismael und Antonio sind über den Rucksack von Antonio gebeugt und begutachten etwas, das niemand sehen darf, vor allem nicht Frau Matter, die Lehrerin. Sie reden leise und sind darauf bedacht, dass sie niemand erwischt.

Abteil B:
Cornelia, Annina und Shima blättern zusammen in einem Heftchen, das Cornelia vor der Abreise am Kiosk noch gekauft hat. Sie kommentieren den Inhalt. Die drei sind immer zusammen und lassen niemanden in ihre Gruppe.

Abteil C:
Kevin führt Roberto sein neues Handy vor. Die beiden fotografieren damit die Mädchen im Abteil E. Diese reagieren abweisend, obwohl sie es irgendwo noch mögen, weil sie auch Kevin und Roberto irgendwie mögen.

Abteil D:
Vladan, Peter, Osman und Manuele sind daran, ihre Rucksäcke auszupacken. Sie tauschen Esswaren untereinander. Peter hat am meisten und vor allem lauter Sachen, die die andern auch gerne hätten. In ihrem Abteil ist es ziemlich laut.

Abteil E:
Simone, Tamara und Jasmin strecken die Köpfe zusammen und tuscheln. Hin und wieder blicken sie zu Laura hinüber, die als Einzige mit einem Jungen, mit Reto, in einem Abteil sitzt. Aber sie beobachten auch, was in den Abteilen B und D so läuft.

Abteil F:
Susanne und Faretta sitzen bei Frau Matter im Abteil. Die beiden schweigen. Frau Matter fragt, ob sie sich auf die Schulreise freuen und ob sie auch sonst manchmal wandern gehen. Susanne erzählt dann von ihrem Ferienhaus am Vierwaldstättersee und Faretta von den Ferien in ihrer Heimat am Meer.

Abteil G:
Reto spielt mit seinem Gameboy. Laura blickt aus dem Fenster. Da sieht Laura etwas ganz Aussergewöhnliches draussen und stösst Reto an. Der guckt auf und muss ebenfalls lachen. Die beiden kommen ins Gespräch.

Abteil H:
Im Abteil von Dani, Jussuf, Mark und Philipp ist es ziemlich laut. Die vier diskutieren, welches die besten Turnschuhe sind und wer beim 80-m-Lauf von vorgestern nun wirklich der Schnellste der Klasse war.

Abteil I:
Anna, Cathy und Babs regen sich über ihre Klasse auf. Dass alle so doof sind und so laut und überhaupt. Cathy erzählt dann noch, dass sie gestern nach der Schule Cornelia und Annina gesehen hat: mit zwei Jungen aus der Siebten! Dann taucht Kevin mit seinem Handy auf und fotografiert die drei.

Willst du wissen,
- *wer seinen Rucksack im Zug vergessen hat?*
- *warum Roberto auf dem Schiff alle Mädchen fotografiert?*
- *was Frau Matter wirklich gesagt hat?*
- *wie der junge Labrador heisst?*
- *wer zum Picknick fünf Eingeklemmte mitgenommen hat?*
- *was passiert, wenn drei Kinder das Schiff verpassen?*

Dann lies die weiteren Szenen dieser Schulreise auf der CD-ROM (T136).

PAUSENBROTE

ZEP

AUFPASSEN

Hans Manz

Jeder muss lernen,
sich anzupassen,
aber gleichzeitig
aufpassen,
dass er nicht verpasst
zu sagen:
Das passt mir nicht!

DAS MÄDCHEN UND DIE LANGEWEILE

Jürg Schubiger

Ein Mädchen kannte nur die Kurzweil, auch an Regentagen, auch an Sonntagen. Es beschloss, die Langeweile kennen zu lernen.

Es fragte zuerst bei der Frau vom Kiosk, die immer gähnte.

Die Langeweile war eben noch da, sagte die Frau. Du brauchst bloss zu warten, sie kommt gleich wieder.

Das Mädchen wartete. Es schaute der Frau bei der Arbeit zu. Wenn sie das Geld herauszählte, spielten ihre Finger über der Schublade wie auf einem Instrument. Die Langeweile kam nicht.

Vielleicht läuft sie mir irgendwo über den Weg, sagte das Mädchen. Es dankte und ging.

Aber, dachte es im Gehen, aber angenommen, die Langeweile läuft mir wirklich über den Weg: Woran erkenne ich sie?

Das Mädchen stellte diese Frage einem Mann in einem orangefarbenen Overall, der eine Leiter hinaufstieg.

Wie die Langeweile aussieht, das kann ich dir allerdings sagen, antwortete der Mann. Sie ist erstens sehr lang.

Wie lang ungefähr?

Bis ans Ende von allem.

Und zweitens?, rief das Mädchen.

Der Mann stand schon einige Sprossen höher. Zweitens hellgrau, mehr oder weniger hellgrau.

Mehr oder weniger hellgrau, wiederholte das Mädchen. Vieles war mehr oder weniger hellgrau an diesem Tag, eine Katze, eine Strasse, eine Hose, mehrere Mauern, aber nichts war lang genug. Das Mädchen ging durch eine Gasse und noch eine Gasse und unter einem Bahndamm hindurch. Nichts war lang genug. Es ging über ein Feld und noch ein Feld und einen Kanal entlang, an dem Pappeln standen, und weiter, ohne einmal zu verschnaufen, bis ans Ende von allem. Bis ans äusserste Ende.

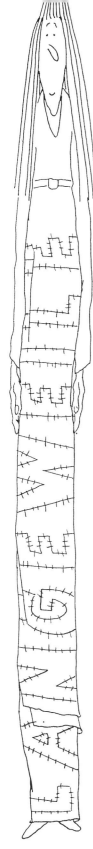

Die Langeweile hatte das Mädchen von weitem schon kommen sehen. Du, Vera?, fragte sie, als das Mädchen nahe genug war.

Vera stand still. Woher weisst du, dass ich die Vera bin?

Das merkt man doch gleich.

Vera betrachtete die Langeweile: Bei dir merkt mans nicht gleich. Du bist zwar erstens sehr lang und zweitens mehr oder weniger hellgrau, sonst aber ziemlich –

Ziemlich was?

Das Mädchen öffnete den Mund, aber kein Wort kam heraus. Es gähnte.

SEPTEMBERMORGEN

Eduard Mörike

Im Nebel ruhet noch die Welt,
Noch träumen Wald und Wiesen:
Bald siehst du, wenn der Schleier fällt,
Den blauen Himmel unverstellt,
Herbstkräftig die gedämpfte Welt
In warmem Golde fliessen.

VOR SONNENAUFGANG

183

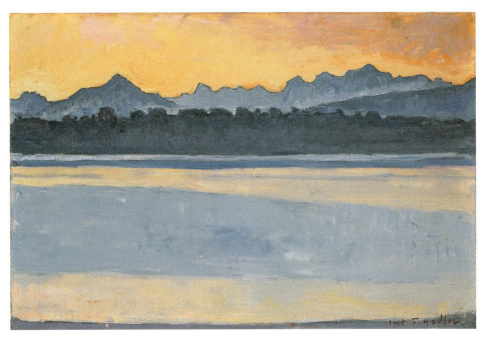

Ferdinand Hodler (1853–1918), «Die Bucht von Genf mit dem Mont-Blanc vor Sonnenaufgang», 1918, Öl auf Leinwand, 57 x 85 cm, Kunstmuseum Solothurn

Ein Porträt von Ferdinand Hodler findest du auf der CD-ROM (T140).

BÄR UND BIENE

Stijn Moekaars   aus: «Kein Tag ohne Bär und Biene», Sauerländer Verlag

Bär lief in den Garten. In der einen Pfote hielt er eine rote Schachtel, in der anderen eine Schaufel. Er betrachtete die Blumen. Nein, dachte er, es wäre schade um die Blumen.
Er ging weiter. Hier vielleicht, im Gemüsegarten, zwischen dem Rotkraut? Nein, auch nicht. Vielleicht würde ich die rote Schachtel zwischen den roten Krautköpfen gar nicht wiederfinden, dachte er.
Bär ging den Kiespfad entlang zur Bank neben der Haustür.
Das ist es, dachte er und deutete unter die Bank. Dort wird keiner nach meiner Schachtel suchen.
Bär schaute sich um. Hoffentlich sah niemand, was er tat.
«Man weiss ja nie», murmelte er vor sich hin. «Vielleicht liegt irgendwo jemand auf der Lauer, um zu sehen, wo ich meine Schachtel verstecke.»
Niemand war zu sehen. Bär schob die Bank ein Stück von der Wand weg. Er nahm seine Schaufel und grub ein kleines Loch in die Erde. Dort stellte er seine Schachtel hinein und schaufelte Erde darüber. Er nickte. «So, da wird niemand nach der Schachtel mit meinem Schatz suchen.»
Gerade als er die Bank zurückschieben wollte, kam Biene angeflogen.
«Hallo, Bär, so fleissig?»
«Äh … ah … nein, gar nicht.» Bär rückte die Bank ein Stück nach hinten. «Nein, nicht wirklich.»
Er hielt die Pfote mit der Schaufel hinter den Rücken.
«Soll ich dir schnell mit der Bank helfen?», fragte Biene.
«Mit der Bank?», fragte Bär. «Mit welcher Bank?»

«Mit dieser Bank», sagte Biene. «Diese Bank neben der Tür. Der Tür von deiner Höhle.»

«Oh!» Bär nickte. «Diese Bank meinst du.»

«Ja, diese», sagte Biene.

«Nicht nötig.» Bär schob die Bank noch ein Stück weiter. «Sie steht schon wieder ganz richtig.»

Bär setzte sich auf die Bank. Er pfiff und schaute hinauf. Dann deutete er zum Garten.

«Die Blumen sind schön dieses Jahr, findest du nicht?», fragte er.

Biene nickte. «Sehr schön. Wirklich sehr schön.»

Wie komisch Bär sich anstellt, dachte Biene und runzelte die Augenbrauen. Ob irgendetwas nicht stimmt?

«Bär?», fragte Biene.

«Ja?» Bär schrak hoch. «Was ist?»

«Du benimmst dich seltsam», sagte Biene. «Du erschrickst sogar, wenn ich dir eine einfache Frage stelle. Und du hältst die ganze Zeit die Pfote hinter den Rücken.»

«Erschrecken? Ich? Der Bär des Waldes?» Bär lachte gezwungen.

Biene deutete auf die Bank. «Du hast dich so schnell auf die Bank gesetzt.»

«Ja», sagte Bär, «ich war müde.»

«Müde?», fragte Biene. «Von was?»

«Vom Sch … äh … vom Sch … Schlittschuhlaufen», schoss es aus ihm heraus.

«Vom Schlittschuhlaufen?» Biene lachte. «Bär, es ist doch mitten im Sommer. Und du bist müde vom Schlittschuhlaufen? Wie ist das möglich? Es gibt hier im Wald doch gar kein Eis, auf dem du Schlittschuh laufen kannst.»

«Nein?», fragte Bär.

«Nein.» Biene schüttelte den Kopf. «Bär, du hast ein Geheimnis vor mir.»

Bär seufzte. «Ja, Biene, es ist wahr. Ich bin nicht müde vom

Schlittschuhlaufen. Ich bin eigentlich überhaupt nicht müde.»
«Das habe ich mir gedacht», sagte Biene.
Bär beugte sich vor und deutete mit der Schaufel auf den kleinen Erdhaufen unter der Bank.
«Siehst du das?», fragte er.
Biene flog unter die Bank. «Meinst du das dunkle Häufchen da?»
Bär nickte. «Ja. Das ist mein Geheimplatz.»
«Oh», sagte Biene. «Ist der Platz so geheim, dass ich ihn nicht kennen darf?»
«Kannst du ein Geheimnis bewahren?», flüsterte Bär.
«Das kann ich», flüsterte Biene zurück.
«Wart mal.»
Bär richtete sich auf und schaute nach links und nach rechts.
«Siehst du jemanden?», fragte er. «Hier unter der Bank doch nicht», sagte Biene. «Hier im Garten auch nicht», sagte Bär. Er schaute unter die Bank. Mit seiner Schaufel machte er das Loch wieder auf. Peng.
«Was ist das?», fragte Biene.
«Pssst», sagte Bär. «Still, das ist mein Schatz.»
«Ein echter Schatz?» Biene zitterte mit den Flügeln.
Bär nickte. «Ein echter Schatz.»
Sehr vorsichtig hob er die Schachtel hoch und wischte die Erde ab.
«Was für eine schöne rote Schachtel», sagte Biene.
«Ja. Aber was darin ist, ist noch viel schöner», sagte Bär.
«Darf ich mal sehen?», fragte Biene.
«Wirst du es auch niemandem verraten?», fragte Bär.
«Ich verspreche es», sagte Biene.
«Wirklich wahr?»
«Wirklich wahr, Bär.»
Biene setzte sich auf Bärs Schulter.
Ganz langsam machte Bär den Deckel auf. «Oh, wie schön!», flüsterte Biene.

NICHT MÜDE WERDEN

Hilde Domin Nicht müde werden
sondern dem Wunder
leise
wie einem Vogel
die Hand hinhalten.

QUELLENVERZEICHNIS

9 Jetzt, Gerald Jatzek, aus: Im Pfirsich wohnt der Pfirsichkern, 1994 Verlag St. Gabriel, Mödling, © beim Autor, Wien **10-13** Zeit läuft, Brigitte Schär, Beitrag für anderswie & anderswo **14-15** Mouvements de lignes, Text: Regula Wenzinger, Beitrag für anderswie & anderswo; Bild: Mouvements de lignes, trait large (Dessin pour «poèmes sans prénoms»), 1939, Sophie Taeuber-Arp (1889-1943), Pastellkreide auf Papier, Aargauer Kunsthaus, Aarau, Depositum aus Privatbesitz **16-21** Tim (Auszug), Christian Bieniek, aus: Svenja hats erwischt, © 1994 Arena Verlag GmbH, Würzburg **21** Wie sehr ich dich mag, Hans und Monique Hagen, © 2001 Friedrich Oetinger Verlag, Hamburg **22-23** Gar nicht einfach, Franz Sales Sklenitzka, aus: Im Pfirsich wohnt der Pfirsichkern, 1994 Verlag St. Gabriel, Mödling © beim Autor, Wilhelmsburg **24-25** Albrecht K., frida bünzli, erstmals veröffentlicht in Zürich Express, 1987/2000, © Lehrmittelverlag des Kantons Aargau, Buchs **26-27** Über Papageientaucher, Thomas Winding, aus: Grossvaters Geschichten von Tieren, aus dem Dänischen von Gabriele Haefs, © 2003 Carl Hanser Verlag, München/Wien **28-31** Markus im Wunderland, Text: Walter Loeliger; Bilder: © Markus Mathis, Zürich **32** ordnung – unordnung, Timm Ulrichs, aus: Reclam Universal-Bibliothek Nr. 9350, Philipp Reclam Verlag GmbH, Ditzingen 1972, © beim Autor, Hannover **33-40** Alarm auf dem Schweitzerplatz, Gerald Jatzek, aus: Was für ein Glück, hrsg. von Hans-Joachim Gelberg, © 1993 Beltz & Gelberg in der Verlagsgruppe Beltz, Weinheim und Basel **37** Der Parkplatz, Erwin Grosche, aus: Der Badewannenkapitän, © 2002 Deutscher Taschenbuch Verlag, München **41** Manchmal, Silvia Löffler, aus: Im Pfirsich wohnt der Pfirsichkern, 1994 Verlag St. Gabriel, Mödling © bei der Autorin **42-43** Die Zeitmaschine, Franz Zumstein, aus: Die Himmelsstürmer. Im Banne der Zeit, © Scilly Verlag, Balsthal **44** Karawane, Hugo Ball, aus: Gesammelte Gedichte, hrsg. von Annemarie Schütt-Henings, © 1963 Verlag AG Die Arche, Zürich **45-51** Im Jemen unterwegs, Carmen Rohrbach, aus: Im Reich der Königin von Saba. Auf Karawanenwegen im Jemen, © 1999 Frederking & Thaler Verlag, München; Fotos: © Edith Aeppli, Bellikon **51** Hausaufgaben, Wolfgang Mennel, aus: Eines Tages, hrsg. von Hans-Joachim Gelberg, © 2002 Beltz & Gelberg in der Verlagsgruppe Beltz, Weinheim und Basel **52-53** Jemen (aus dem Lexikon), aus: Das Ravensburger Lexikon der Erde, © 1997 Ravensburger Buchverlag Otto Maier GmbH, Ravensburg, gekürzt und bearbeitet; Fotos: © Edith Aeppli, Bellikon **54-55** Erinnerungen, Mohieddin Ellabbad, aus: Das Notizbuch des Zeichners, © 2002 Atlantis im Orell Füssli Verlag AG, Reihe Baobab, Zürich **56-58** «Am liebsten bin ich auf dem Fussballplatz», Walter Loeliger, Beitrag für anderswie & anderswo; Fotos: © Walter Schönauer, Triesenberg **59** hier bei uns, Text: Walter Loeliger, Beitrag für anderswie & anderswo; Fotos: © Walter Schönauer, Triesenberg **60-63** «Mein Ziel ist der schwarze Gürtel», Walter Loeliger, Beitrag für anderswie & anderswo; Fotos: © Walter Schönauer, Triesenberg **64-71** Eine Wette und vierundzwanzig Beine, Bettina Obrecht, aus: Schön schaurig, hrsg. von Sophia Marzolff, © 2002 Deutscher Taschenbuch Verlag, München **72** Weil ich bin, Helmut Glatz, aus: Überall und neben dir, hrsg. von Hans-Joachim Gelberg, © 1986 Beltz & Gelberg in der Verlagsgruppe Beltz, Weinheim und Basel **74** Die andern!, Markus Ramseier, Beitrag für anderswie & anderswo **75** Disput, 1929, Paul Klee (1879-1940), Öl auf Leinwand, © Paul-Klee-Stiftung, Kunstmuseum Bern **76** Ich weiss nicht, was soll es bedeuten, Brigitte Schär, aus: orte – Schweizer Literaturzeitschrift (2/2003 Nr. 129), © 2003 orte Verlag, Wolfhalden **77-79** Das oberste Blatt, Hans Manz, Beitrag für anderswie & anderswo **79** Warum stampfen Elefanten mit den Füssen?, aus: Brockhaus Kalender für clevere Kids, © Bibliographisches Institut & F.A. Brockhaus, Mannheim, gekürzt und bearbeitet **80-83** «Ich will Tierarzt werden», Text: Karl Schermann; Fotos: Franz Schallner, aus: Der Junge, den die Zeit vergass, © Egmont vgs verlagsgesellschaft mbh, Köln **84-85** Jedes fünfte Mädchen geht nicht zur Schule, Deutsche Depeschen-Agentur GmbH (dpa); Hartes Los – hartes Brot (Auszug), Ursula Huber/Heidi Stutz, aus: Wer hat an der Uhr gedreht? Eine Zeitreise, © 2003 Lehrmittelverlag des Kantons Aargau, Buchs **86-87** Ferienbücher, Texte von 5.-Klässlern aus Baden, Beitrag für anderswie & anderswo; Fotos: © Walter Schönauer, Triesenberg **88-89** Ferienzeit – Reisezeit, Quelle: Christian Laesser/Thomas Bieger, © 1999 IDT, St. Gallen; **89** Kann man da noch stehen?, Illustration: Bernd Pfarr, aus: Wenn Tiere verreisen, © 2003 Kein & Aber AG, Zürich **90** Der Abschied, Franz Hohler, Beitrag für anderswie & anderswo **91** Grüsse aus aller Welt, Corinne Bromundt, Beitrag für anderswie & anderswo **92** Urlaubsfahrt, Hans Adolf Halbey, aus: Menschengeschichten, hrsg. von Hans-Joachim Gelberg, © 1975 Beltz & Gelberg in der Verlagsgruppe Beltz, Weinheim und Basel **93-97** Cool am Pool (Auszug), Doris Meissner-Johannknecht, © 2001 Verlag

Heinrich Ellermann, Hamburg **97** Kurztext: Liebe, Bettina Weiher, aus: der bunte hund Nr. 47, Beltz & Gelberg in der Verlagsgruppe Beltz, Weinheim und Basel **98-99** Ein E-Mail für Claudio, Anita Siegfried, Beitrag für anderswie & anderswo **100-101** Streng geheim, Regula Wenzinger, nach einer Idee von Kirsten Bertrand, aus: GEOlino (4/1999), Hamburg **102-105** Die Wanze (Auszug), Paul Shipton, aus: Die Wanze. Ein Insektenkrimi, © 1997 Fischer Taschenbuch Verlag GmbH, Frankfurt am Main **106** Auf dem Dach der Welt, Freddy Widmer, aus: Basler Zeitung (25.5.2001), © beim Autor, Basel; Foto: © Robert Bösch, Oberägeri **107-109** Hoch hinaus, 5.-Klässler aus Waltenschwil, Beitrag für anderswie & anderswo; Fotos: © Robert Bösch, Oberägeri **110** Erstbesteigungen (Auswahl), zusammengestellt von Walter Loeliger, Beitrag für anderswie & anderswo **111** Warum wächst der Mount Everest?, aus: Brockhaus Kalender für clevere Kids, © Bibliographisches Institut & F.A. Brockhaus, Mannheim, gekürzt und bearbeitet **112-115** Eine Expedition, John Saxby, aus: Die Abenteuer von Eduard Speck, aus dem Englischen von Sybil Gräfin Schönfeldt, © 1993 Carl Hanser Verlag, München/Wien **116** lichtung, Ernst Jandl, aus: Poetische Werke, hrsg. von Klaus Siblewski, © 1997 Luchterhand Literaturverlag, München, einem Unternehmen der Verlagsgruppe Random House GmbH **117-119** Gebirge und Täler, aus: Sehen und verstehen – Die Erde, © 2000 Bertelsmann Lexikon Verlag, Gütersloh **118** Warum kommt ein Vulkan selten allein?, aus: Brockhaus Kalender für clevere Kids, © Bibliographisches Institut & F.A. Brockhaus, Mannheim, gekürzt und bearbeitet **120-121** Die Sage von der Teufelsbrücke, Text: Walter Loeliger, Beitrag für anderswie & anderswo; Fotos: © Willy Gisler, Riemenstalden **122-124** Astrid Lindgren, Regula Wenzinger, Beitrag für anderswie & anderswo; Foto S. 122: R. Karlson, S. 123/124: Fotograf unbekannt, © alle Fotos Friedrich Oetinger Verlag Hamburg **125-137** Die Brüder Löwenherz (Auszug), Astrid Lindgren, © Friedrich Oetinger Verlag Hamburg **138-145** Ein Gnu macht seinen Weg, Reinhard Künkel, aus: Spick Nr. 253, Tamedia AG, Zürich 2003, © beim Autor, München; Fotos: © Reinhard Künkel, München **146-147** Die Stechpuppe, Franz Zumstein, aus: Die Himmelsstürmer. Im Banne der Zeit, © Scilly Verlag, Balsthal **148-149** und **152-159** Auf dem Falkenschloss, Tilde Michels, aus: Das Falkenschloss, © 2002 Nagel & Kimche im Carl Hanser Verlag, München/Wien **150-151** In der Burgküche, Text: Christa Holtei, aus: Ritterleben auf der Burg, © 1999 Patmos GmbH Co. KG, Düsseldorf; Illustration: Corinne Bromundt, Beitrag für anderswie & anderswo **160-161** Was man mit einem Wort alles tun kann …, Corinne Bromundt, Beitrag für anderswie & anderswo, nach einer Idee von Theodor Eberle, aus: der bunte hund Nr. 47, Weinheim und Basel **162** Der kleine grosse Unterschied, Hans Manz, Beitrag für anderswie & anderswo **163-169** Die Erde hat eine Anziehungskraft, Herbert Günther, aus: Oder die Entdeckung der Welt, hrsg. von Hans-Joachim Gelberg, © 1997 Beltz & Gelberg in der Verlagsgruppe Beltz, Weinheim und Basel **169** Morgens und abends zu lesen, Bertolt Brecht, aus: Werke. Grosse kommentierte Berliner und Frankfurter Ausgabe, Band 14, © 1993 Suhrkamp Verlag, Frankfurt am Main **170** Mit der Schere zeichnen, Bild: Acanthes (Bärenklau), 1953, Henri Matisse (1869-1954), Kohle, ausgeschnittene Papiere mit Gouache bemalt auf Papier auf Leinwand, Fondation Beyeler, Riehen/Basel, © 2004 Succession H. Matisse/ProLitteris, Zürich **171** Es knospt, Hilde Domin, aus: Hier, Gesammelte Gedichte, © 1997 S. Fischer Verlag GmbH, Frankfurt am Main **172-173** Der Engel der Langsamkeit, Jutta Richter, aus: An einem grossen stillen See, © 2003 Carl Hanser Verlag, München/Wien **174-177** Auf der Schulreise, Roger Lille, Beitrag für anderswie & anderswo **178** Pausenbrote, ZEP, aus: Titeuf 08. Das Gesetz des Schulhofs, © Editions Glénat, Issy-les-Moulineaux **179** Aufpassen, Hans Manz, aus: Die Welt der Wörter, © 1991 Beltz & Gelberg in der Verlagsgruppe Beltz, Weinheim und Basel **180-181** Das Mädchen und die Langeweile, Jürg Schubiger, aus: Wo ist das Meer?, © 2000 Beltz & Gelberg in der Verlagsgruppe Beltz, Weinheim und Basel **182** Septembermorgen, Eduard Mörike, aus: Sämtliche Werke Band 1, Klett Cotta/J.G. Cotta'sche Buchhandlung Nachfolger GmbH, Stuttgart 1961 **183** Vor Sonnenaufgang, Gemälde: Die Bucht von Genf mit dem Mont-Blanc vor Sonnenaufgang, 1918, Ferdinand Hodler (1853-1918), Öl auf Leinwand, Dübi-Müller-Stiftung, Kunstmuseum Solothurn, © Schweizerisches Institut für Kunstwissenschaft, Zürich **184-187** Bär und Biene (Auszug), Stjin Moekaars, aus: Kein Tag ohne Bär und Biene, © 2003 Patmos Verlag GmbH Co. KG/Sauerländer Verlag, Düsseldorf **188** Nicht müde werden, Hilde Domin, aus: Hier, Gesammelte Gedichte, © 1997 S. Fischer Verlag GmbH, Frankfurt am Main

Redaktion und Verlag haben sich bemüht, alle Urheberrechte für Bild und Text zu eruieren und einzuholen. Sollte dabei ein Irrtum unterlaufen sein, wird der Verlag nach Anmeldung berechtigter Ansprüche diese im Rahmen der üblichen Vereinbarungen vergüten.

IMPRESSUM

Redaktion	*Regula Wenzinger*
	Walter Loeliger
Lektorat	*Lydia Zeller*
Projektleitung	*Otto F. Beck*
Herstellungsleitung	*Roland Kromer*
Illustrationen	*Corinne Bromundt*
Grafische Gestaltung	*Raffael Bachmann*
Fachberatung	*Andrea Bertschi-Kaufmann*
	Markus Ramseier
	Werner Senn
Begleitkommission*	*Gabi Fricker*
	Ursula Köchli
	Katrin Messerli
	Samuel Müller
	Bernhard Rauh
	Friedrich Schütz
	Ursula Städler-Tanner
	Edi Zumbühl

* In der Begleitkommission sind folgende Gremien vertreten: Lehrmittelkommission Primarschule des Kantons Aargau; Lehrmittelkommission Kleinklassen des Kantons Aargau; Kommission für die Gleichstellung von Mann und Frau in Lehrmitteln des Kantons Aargau; Departement Bildung, Kultur und Sport, Kanton Aargau, Interkulturelle Kommunikation, Aarau; Kommission Deutsch der Goldauer Konferenz.

© 2004 by Lehrmittelverlag des Kantons Aargau, Buchs

1. Auflage 2004
Alle Rechte vorbehalten
Printed in Switzerland

ISBN 3-906738-47-7
Bestellnummer 10535, www.lmvag.ch

Lehrmittel der interkantonalen Lehrmittelzentrale

Zum Lesebuch und zur CD-ROM gehört der **Kommentar** mit didaktischen Materialien inklusive Comicwerkstatt, ISBN 3-906738-48-5, Bestell-Nr. 10536